正 音 学

（修订版）

杨立岗 著

中国广播影视出版社

图书在版编目（CIP）数据

正音学/杨立岗著．—修订版．—北京：中国广播影视出版社，2007.9（2015.8 重印）

ISBN 978-7-5043-3348-3

Ⅰ．正… Ⅱ．杨… Ⅲ．汉语—正音法 Ⅳ．H102

中国版本图书馆 CIP 数据核字（2007）第 133160 号

正音学（修订版）

杨立岗　著

责任编辑　王　佳
封面设计　亚里斯
责任校对　张连芳

出版发行　中国广播影视出版社
电　　话　010－86093580　010－86093583
社　　址　北京市西城区真武庙二条 9 号
邮　　编　100045
网　　址　www.crtp.com.cn
电子信箱　crtp8@sina.com

经　　销　全国各地新华书店
印　　刷　三河市人民印务有限公司

开　　本　850 毫米×1168 毫米　1/32
字　　数　190（千）字
印　　张　8.5
版　　次　2007 年 9 月第 2 版　2015 年 8 月第 3 次印刷
印　　数　3001－4000 册

书　　号　ISBN 978－7－5043－3348－3
定　　价　19.80 元

引　言

语言，是由语音、语义、词汇和语法构成的。它是一种特殊的社会现象，是表达人类思想情感、进行思维活动和相互交流的重要工具之一。从语言学的观点来看，语言和语音是两个意义截然不同的概念，但在习惯上，人们又常常容易把它们混同起来。事实上，语音只是语言中的一个组成部分，它是语言的外壳，是指人类发音器官发出的具有一定意义的声音。说者借助发音器官发出的声音把某种声音信息传递给对方，听者则凭借听觉器官接收到的这种声音信息来辨认理解对方的意思。这种作为语言的物质形式的声音就是语音，它不同于自然界任何声音，仅指人类发音器官所发出的能传达一定意义的声音。用什么样的语言形式表达什么样的意义，不是由某个人决定的，而是由社会全体成员约定俗成的，并且能为人们所理解的声音。所以，一切不能传递任何意义的声音不是语言，仅仅是自然的发音和音响。

就歌唱而言，我们所说的歌唱的语言，主要着重于语音，而不是包括语音、语义、词汇和语法这一语言的全部内容。但是，为了便于理解和考虑到人们的习惯，将这部分仍然统称为语言。

歌唱离不开语言。不同的语言有着不同的声韵音素；不同的声韵音素产生不同的乐素；不同的乐素形成不同的唱腔；不同的唱腔又形成不同的流派。由此可见，语言在歌唱中的重要作用。“字正腔圆”是歌唱艺术中的一项原则。我国北宋著名科学家沈括在《梦溪笔谈》第五卷的乐律九十二条中写道："古之善歌者有语，谓'当使声中无字，字中有声'。"也就是说，在歌唱时应当使每个字的发音、归韵、收声清晰圆润，完全融化在声中，转腔换字之间纯净无杂音，听不出字与字之间转换时的变化，使歌声如"贯珠"般的圆润而连贯，即"声中无字"。在歌唱时，字与旋律、音高很贴切地融为一体，既不因旋律、音高的规定把字唱走形，又不因字的四声要求破坏旋律、音高的规定，使字成为"内里声"——音乐化的有声字，即："字中有声"。这就说明了歌唱中"字"与"声"既互相对立，又互相统一，既互相排斥，又相辅相成，是一对矛盾的两个载体。如何外理好歌唱中"字"与"声"的辩证关系，做到"声中无字，字中有声""字正腔圆，声情并茂"呢？首先必须掌握汉语普通话的特点和规律，其次要掌握歌唱语言的特点和规律。并且要明确歌唱中"字点"与"声位"的不同作用；注意"字"向"声"转换时声位保持相对的不变；掌握科学正确的呼吸方法；加强文学修养；提高对作品的理解和表现能力等。清代王德辉、徐沅澄合著的《顾误录》中说道：歌者"入门须先正其所犯之土音，然后可与善曲"。说明了正音在歌唱中的重要性。

正音学的目的就在于：纠正不正确的发音习惯和方法，建立正确的发音方法和习惯。

目　录

第二部分　歌唱语言的特点和规律

第一部分

汉语普通话的特点和规律

第一章　发音器官的构成

歌唱语言与一般语言活动一样，是以发音器官作为生理基础。因此，我们对发音器官进行一定的了解，会有助于改善自己的发音，纠正不良发音习惯，使语言表达更加完美。

第一节　发音器官的构成

语言依靠发音器官形成。发音器官是指人体参与发音活动的器官。根据这一基本认识，与口腔相关的各器官组织，如唇、齿、舌、软腭等都属发音器官。(详见发音器官示意图)

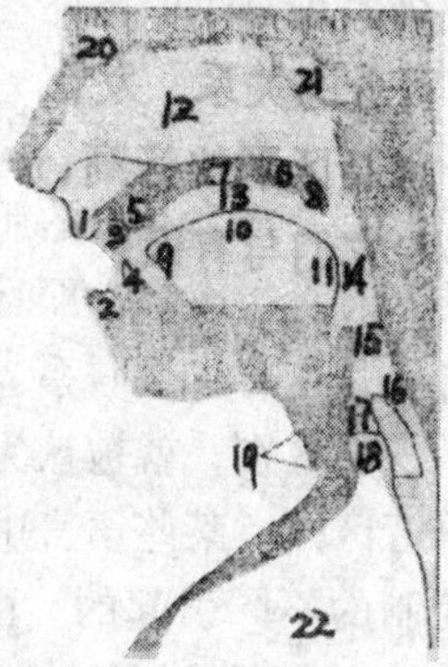

发音器官示意图

1. 上唇　2. 下唇　3. 上齿　4. 下齿　5. 齿龈　6. 软腭　7. 硬腭　8. 小舌　9. 舌尖　10. 舌面　11. 舌根　12. 鼻腔　13. 口腔　14. 咽壁　15. 会厌　16. 食道　17. 气管　18. 声带　19. 喉结　20. 额窦　21. 蝶窦　22. 肺

在发音过程中，这些器官组织具有明显的动作过程。还有一些器官组织在发音过程中的作用也是明显感觉到的。如有些音在发音过程中会有明显的鼻腔、头腔振动（如哼唱 n 时）。所以，我们把头腔、鼻腔看作是发音器官的一部分。显然，参与发音活动的器官远不止前面所提及的。气息是歌唱发声的生命和动力，气息的控制取决于腰腹部肌肉力度的变化。对于这些器官是否应当归于发音器官，人们有不同的看法。产生分歧的原因是不同时代和不同学科在研究范围的界定上有所不同，其概念含义也就不一样。传统语音学以区别意义的语音要素作为研究对象，因此格外注重能产生不同语音的唇、舌、齿等喉部以上各器官。在谈到发音器官时，主要是指口腔和鼻腔各器官组织，而发音器官喉和呼吸器官肺及与之有关的肌肉群都被排除在外。近年来，随着语音学的发展，对其研究范围逐步扩大，人们越来越认识到：在语音活动中，发音器官喉、呼吸器官肺及有关肌肉群与传统发音器官唇、齿、舌等有着密不可分的关系。发音和呼吸器官及与之有关的肌肉群不仅对非意义区别的音高、音色等要素有直接影响，而且在一些语言中，它们与有区别意义的语音要素也有直接联系。例如：汉语普通话中的辅音，送气与不送气的区别，就被认为是由喉的状态和气流状态不同，形成的语音区别。某些语言中的吸气音与呼气音的区别，也是由气流控制的不同引起的。由于人们认识的扩展，近年来，对发音器官的含义有了新的认识。发音器官已由过去单纯的喉以上各器官，扩大为包括喉和肺及有关肌肉群在内的庞大系统。概念内涵的扩大，表明人们对事物的认识在逐步深入。

作为人体中具有发音功能的结构单位，发音器官已不是由简单器官组织构成的独立单位，而是一个由呼吸器官肺（加上与之配合的腰、腹、背部肌肉群）、发声器官喉和吐字、共鸣器官口腔、咽腔、鼻腔、胸腔联合构成的庞大体系，称之为发声系统更准确些。从生理学的分类看，这样划分也更为科学。不过，发音器官毕竟是一个人们习惯了的名词，它仍然被人们使用，除了原有的意义外，它具有更广泛的含义。

思考题

1. “正音”的目的是什么？
2. 如何才能学好“正音学”这门课。
3. 各发音器官在发音过程中的功能？

第二章　字音准确的基础
——声母

语音是语言的声音形式，标准的普通话语音是产生感染力的基础。

我们说的每一句话，是由一个个的词连接起来构成的。一个个的词又是由一个个音节组成的，一个音节就是一个方块汉字。音节则是由一个或几个音素构成的。歌唱是用语言、曲调、和声和节奏表达思想感情的一种艺术形式。因此，每一位声乐工作者（包括学习声乐的人们）必须对普通话的语言系统有一个概括性的了解。

我国的语言学家根据传统的分析方法，把汉语语音分成声母、韵母、音节以及变调、轻声、儿化等。一个字起头的音叫声母，其余部分叫韵母，全字的音高叫声调。语音音素是根据发音特征分为元音、辅音两类。普通话语音中可做声母的辅音有 21 个，不包括零声母。歌唱时语言含混不清，唇舌没有力度，都和没有掌握 21 个声母的正确发音有直接关系。声母是字音准确、清晰的基础，它的时值虽短，却十分重要，因此必须引起我们足够的重视。

第一节　音节和音素

语音最小的单位是音素。一个或几个音素构成一个音节，“音节”在听感中，有头有尾有起有停，是个整体声音。一个汉字就是一个音节，“音素”是语音里最小的单位。“音节”则是语音里最小的自然单位。

例：

ɑ	（啊）	一个音素
ɑn	（安）	二个音素
iɑn	（烟）	三个音素
jiɑn	（煎）	四个音素
jiɑnɡ	（江）	四个音素
zhuɑnɡ	（装）	四个音素

注：“zh、ng”两个字母代表一个音素。

第二节　22个声母

普通话的声母包括零声母在内共22个。它们的特点是：

1. 气流在通过发音器官某一部位时，受到一定的阻碍，只是参与阻碍的那一部位肌肉是紧张的，其他各部位的肌肉不能紧张。气流在口腔内必须突破、冲过或回避所遇到的各种阻碍才能成声。例如：b是突破上下唇阻碍，f是冲过上唇下齿的阻碍，n是回避舌尖与上齿背之间的阻碍。

2. 声母的形成所用的气流较强，多数声母都是由呼出的强气流冲破阻塞形成音波，经过口腔或鼻腔产生共鸣而成声。

3. 普通话中大部分声母在发音时声带不振动，声音不响亮。只有m、n、l、r 4个浊辅音振动声带，声音响亮。

4. 声母中，只有m、n、l、r 4个浊辅音带有乐音成分，其他的都属噪音，叫清辅音。（详见下表，拼音后为例字）

b	巴、步、别	p	怕、盘、扑	m	门、谋、木
f	飞、付、浮	d	低、大、夺	t	太、同、突
n	南、牛、怒	l	来、吕、路	ɡ	哥、甘、共
k	枯、开、狂	h	海、寒、很	j	即、结、净

q	齐、求、轻	x	西、袖、形	zh	知、照、铡
ch	茶、产、唇	sh	诗、手、生	r	日、锐、荣
z	资、走、坐	c	慈、蚕、存	s	丝、散、颂

"零声母" 安、言、忘、云。

普通话里22个声母中有21个是由辅音充当，我们可以根据辅音的发音部位和发音方法给声母分类。

第三节 按发音部位分类

普通话的辅音声母可按发音部位分为三大类，细分为七个部位。

1. 唇音：以下唇为主动器官，细分为两个发音部位。

①双唇音：上下唇闭合构成阻碍。b、p、m

②唇齿音：下唇和上齿靠拢构成阻碍。f

2. 舌尖音：以舌尖为主动器官，细分为三个发音部位。

①舌尖前音：舌尖向上门齿背接触或接近构成阻碍。z、c、s（也叫平舌音）

②舌尖中音：舌尖和上齿龈接触构成阻碍。d、t、n、l

③舌尖后音：舌尖向硬腭的最前端接触或接近构成阻碍。zh、ch、sh、r（也叫翘舌音）

3. 舌面音：以舌面为主动器官，细分为两个发音部位。

①舌面前音：舌面前部向硬腭前部接触或接近构成阻碍。j、q、x

②舌面后音（也叫舌根音）：舌根向硬腭和软腭的交界处接触或接近构成阻碍。g、k、h

第四节 按发音方法分类

普通话辅音声母的发音方法有以下五种：

1. 塞音　成阻的发音部位完全形成闭塞，持阻时气流积蓄在阻碍的部位之后，除阻时受阻部位突然排除阻塞，使积蓄的气流迸出，爆发成声。塞音也叫爆发音或破裂音。普通话里有 6 个塞音：b、p、d、t、g、k。

2. 鼻音　成阻时发音部位完全闭塞，封闭口腔通道；持阻时，软腭上抬，打开鼻腔通道，声带振动，气流到达口、鼻腔，气流在口腔受阻进入鼻腔流出成声。除阻时口腔阻碍解除，鼻音是后鼻管，口腔双重共鸣获得的。鼻腔是不可调节的共鸣器官。不同音质的鼻音是由于发音时舌头在口腔的不同部位阻塞，造成不同的口腔共鸣状态而形成的。普通话里共有两个鼻音声母：m、n。

3. 擦音　成阻时发音部位之间接近，形成适度的间隙；持阻时，气流从窄缝中间摩擦成声，除阻时发音结束。普通话里共有 6 个擦音：f、h、x、sh、s、r。

4. 边音　舌尖和上齿龈稍后的硬腭前端接触，使口腔中间的通道阻塞；除阻时声带振动，气流从舌头两边与上腭两侧，两颊内侧形成的夹缝中间通过，流动成声，除阻时发音结束。普通话里只有一个舌尖中的边音：l。

5. 塞擦音　是以“塞音”开始，以“擦音”结束。由于塞擦音的“塞”和“擦”是同部位的，“塞音”的除阻阶段和“擦音”的成阻阶段融为一体，两者结合得很紧密。普通话里共有 6 个塞擦音：j、q、zh、ch、z、c。

普通话的辅音声母还有“送气音”与“不送气音”，“清音”与“浊音”之分。送气音和不送气音只在塞音和塞擦音中才有。

送气音——这类辅音发音时气流送出比较快和持久，由于除阻后声门大开，气流流速较快，在声门以及声门以上的某个狭窄部位造成摩擦形成“送气音”。普通话里共有 6 个送气音：p、t、k、q、ch、c。

不送气音——指发音时，没有送气的特征又同送气音形成对比的音。

普通话里共有 6 个不送气音：b、d、g、j、zh、z。

普通话里有 4 个浊辅音声母：m 、n、l、r（声带振动）。

其余辅音声母都是清辅音（声带不振动），它们是：b、p、f、d、t、g、k、h、j、q、x、zh、ch、sh、z、c、s。

思考题

1. 为什么说声母是字音准确的基础？
2. 准确读出 21 个声母（零声母除外）。
3. 声母中有几个浊辅音，几个清辅音？各自特点是什么？

第三章　声母的发音分析

第一节　双唇阻 b、p、m
唇齿阻 f

b〔p〕双唇不送气清塞音

双唇闭合，关闭鼻腔通道，气流到达双唇后蓄气，凭着积蓄在口腔中的气流，突然打开双唇成声。

例词：颁布　bān bù　　　褒贬　bāo biǎn

　　　标本　biāo běn　　辨别　biàn bié

绕口令：八百标兵奔北坡，

　　　　炮兵并排北边跑，

　　　　炮兵怕把标兵碰，

　　　　标兵怕碰炮兵炮。

p〔P‘〕双唇送气清塞音

成阻和持阻阶段与 b 相同，除阻时，声门大开，从肺部呼出一股较强气流成声。

例词：批评 pī píng　　　偏旁 piān páng

　　　匹配 pǐ pèi　　　　瓢泼 piáo pō

绕口令：出南门走十步，捡了一条破皮裤。

　　　　皮裤破补皮裤，皮裤不破不补皮裤。

m〔m〕双唇鼻音

双唇闭合，打开鼻腔通道，声带振动，气流同时到达口、鼻腔，在口腔的双唇后受阻，气息从鼻腔流出成声。

例词：麦苗 mài miáo　　　眉目 méi mù

磨灭 mó miè　　　　命名 mìng míng

绕口令：密名门面卖木棉，
木棉美妙香弥漫。
牧民麻布买木棉，
麻布妈妈美梦圆。

f〔f〕齿唇清擦音

下唇向上门齿靠拢，形成间隙；关闭鼻腔通道，使气流从齿唇形成的间隙摩擦流出成声。

例词：发奋 fā fèn　　　肺腑 fèi fǔ
反复 fǎn fù　　　丰富 fēng fù

绕口令：粉红墙上画凤凰。
红凤凰，粉凤凰，
粉红凤凰，红粉凤凰，
红红粉粉黄凤凰。

第二节　舌尖中阻 d、t、n、l

d〔t〕舌尖中不送气清塞音

舌尖抵住上齿龈，形成阻塞；关闭鼻腔通道，气流到达口腔蓄气，突然解除阻塞成声。

例词：达到 dá dào　　　等待 děng dài
单调 dān diào　　道德 dào dé

绕口令：调到敌岛打特盗，
特盗太刁投短刀。
挡推顶打短刀掉，
踏特得刀盗打倒。

t〔t‘〕舌尖中送气清塞音

成阻、持阻阶段与 d 相同，除阻阶段声门大开，从肺部呼出一股较强的气流成声。

例词：谈吐 tán tǔ　　　体贴 tǐ tiē

团体 tuán tǐ　　　妥帖 tuǒ tiē

绕口令：断头台倒吊短单刀，

歹徒登台偷短刀。

断头台塌盗跌倒，

对对短刀叮当掉。

n〔n〕舌尖中鼻音

舌尖抵住上齿龈，形成阻塞；打开鼻腔通道，声带振动；气流同时到达口、鼻腔，在口腔受阻，气息从鼻腔流出成声。

例词：奶牛 nǎi niú　　　男女 nán nǚ

能耐 néng nài　　　农奴 nóng nú

绕口令：学习就怕满、懒、难，

心里有了满、懒、难，

学习就会有困难，

心里丢掉满、懒、难，

永不自满永向前。

l〔l〕舌尖中边音

舌尖抵住上齿龈的后部，阻塞气流从口腔中路通过的通道；关闭鼻腔通道，声带振动；气流到达口腔后，从舌头与两颊内侧形成的空隙间通过成声。

例词：拉力 lā lì　　　利落 lì luò

履历 lǚ lì　　　罗列 luó liè

绕口令：老龙恼怒闹老农，

老农怒恼闹老龙。

农怒龙恼农更怒，

龙恼农怒龙怕农。

第三节 舌根阻 g、k、h

g〔k〕舌面后不送气清塞音

舌面后部隆起抵住硬腭和软腭交界处，形成阻塞；关闭鼻腔通道，气流在形成阻塞的部位积蓄，突然解除阻塞成声。

例词：杠杆 gàng gǎn　　高贵 gāo guì

观光 guān guāng　　更改 gēng gǎi

绕口令：哥挎瓜筐过宽沟，

赶快过沟看怪狗。

光看怪狗瓜筐扣，

瓜滚筐空哥怪狗。

k〔k‘〕舌面后送气清塞音

成阻、持阻阶段与 g 相同，除阻阶段声门大开，从肺部呼出一股较强气流成声。

例词：开垦 kāi kěn　　苛刻 kē kè

空旷 kōng kuàng　　困苦 kùn kǔ

绕口令：诗人何贺，画家郭克，

一人写诗歌，一人搞木刻，

何贺帮郭克搞木刻，

郭克帮何贺写诗歌，

二人共同搞创作，

何贺写完了诗歌，

郭克完成了木刻。

h〔x〕舌面后清擦音

舌面后部隆起接近硬腭和软腭的交界处，形成间隙；关闭鼻腔通道，使气流从形成的间隙摩擦通过而成声。

例词：航海 háng hǎi　　呼唤 hū huàn

挥霍 huī huò　　　　悔恨 huǐ hèn

绕口令：华华画画画桦树，
桦树丛中画虎狐，
蝴蝶围绕虎狐舞，
虎狐爪下按葫芦。

第四节　舌面阻　j、q、x

j〔tɕ〕舌面前不送气清塞擦音

舌尖轻抵下齿背，使舌面贴紧前硬腭，关闭鼻腔通道。在阻塞的部位后面积蓄气流，突然除阻时，在原形成闭塞的部位之间保持适度的间隙，使气流从间隙流出而成声。

例词：积极 jī jí　　　　家具 jiā jù
捷径 jié jìng　　　　军舰 jūn jiàn

绕口令：金秋季节摘金橘，
金橘积极促经济。
经济发展再养鸡，
解决家乡大问题。

q〔tɕʻ〕舌面前送气清塞擦音

成阻阶段与 j 相同，与 j 不同的是当前舌面与前硬腭分离并形成适度间隙时，声门开启，同时运用一股较强的气流成声。

例词：齐全 qí quán　　　　缺勤 quē qín
亲切 qīn qiè　　　　恰巧 qià qiǎo

绕口令：稀奇稀奇真稀奇，
麻雀踩死老母鸡。
七巧看见大蚂蚁，
身长七尺七寸七。

x〔ɕ〕舌面前清擦音

舌尖轻抵下齿背，使舌前面接近硬腭前部，形成适度的间隙，气流从间隙摩擦通过而成声。

例词：喜讯 xǐ xùn　　学习 xué xí

　　　选修 xuǎn xiū　　现象 xiàn xiàng

绕口令：七巷有个锡匠，西巷有个漆匠，

　　　　七巷的锡匠给西巷的漆匠的壶上锡，

　　　　西巷的漆匠给七巷的锡匠的家具上漆。

第五节　舌尖后阻　zh、ch、sh、r

zh〔tʂ〕舌尖后不送气清塞擦音

舌头前部上举，舌尖轻抵硬腭前端，同时关闭鼻腔通道。在形成阻塞的部位后积蓄气流，突然解除阻塞时，在原形成闭塞的部位之间保持适度的间隙，使气流从间隙中流出成声。

例词：战争 zhàn zhēng　　真正 zhēn zhèng

　　　支柱 zhī zhù　　周转 zhōu zhuǎn

绕口令：认识从实践始，实践出真知。

　　　　知道就是知道，不知道就是不知道。

　　　　不要知道说不知道，也不要不知道装知道。

　　　　老老实实实事求是。

　　　　一定要做到不折不扣的真知道。

ch〔tʂʻ〕舌尖后送气清塞擦音

成阻阶段与 zh 相同，与 zh 不同的是在突然解除阻塞时，声门开启，同时伴有一股较强的气流成声。

例词：超产 chāo chǎn　　抽查 chōu chá

　　　橱窗 chú chuāng　　驰骋 chí chěng

绕口令：大柴和小柴帮助爷爷晒白菜，
大柴晒的是大白菜，
小柴晒的是小白菜，
晒好的白菜做干菜。

sh〔ʂ〕舌尖后清擦音

舌尖的前部上举，接近硬腭前端，形成适度的间隙；关闭鼻腔通道，使气流从间隙摩擦通过成声。

例词：赏识 shǎng shí　　神圣 shén shèng
事实 shì shí　　舒适 shū shì

绕口令：山前有四十四棵死涩柿子树，
山后有四十四只石狮子。
山前的四十四棵死涩柿子树，
涩死了山后的四十四只石狮子。
山后的四十四只石狮子，
咬死了山前的四十四棵死涩柿子树。
不知是山前的四十四棵死涩柿子树，
涩死了山后的四十四只石狮子。
还是山后的四十四只石狮子，
咬死了山前的四十四棵死涩柿子树。

r〔ʐ〕舌尖后浊擦音

舌头前部上举，接近硬腭前端，形成适度间隙；同时关闭鼻腔通道，声带振动，气流从间隙摩擦通过而成声。

例词：忍让 rěn ràng　　荣辱 róng rǔ
如若 rú ruò　　闰日 rùn rì

绕口令：日头热晒人肉，晒的心里好难受。
晒人肉，好难受，晒的浑身直冒油。

第六节 舌尖前阻 z、c、s

z〔ts〕舌尖前不送气清塞擦音

舌尖抵住上门齿背形成阻塞，在阻塞的部位后积蓄气流，关闭鼻腔通道，突然解除阻塞时在原形成阻塞的部位之间保持适度的间隙，使气息从间隙流出成声。

例词：在座 zài zuò　　自尊 zì zūn

　　　总则 zǒng zé　　祖宗 zǔ zōng

绕口令：刚往窗上糊字纸，你就隔着窗户撕字纸。

　　　一次撕下横字纸，一次撕下竖字纸，

　　　横竖两次撕了四十四张湿字纸。

　　　窗上没字纸，风吹满屋子，

　　　是字纸你就撕字纸，

　　　不是字纸你就不要乱撕一地纸。

c〔ts'〕舌尖前送气清塞擦音

成阻阶段与 z 相同。与 z 不同是在突然解除阻塞时，声门开启，同时伴有一股较强的气流摩擦通过成声。

例词：猜测 cāi cè　　从此 cóng cǐ

　　　催促 cuī cù　　残存 cán cún

绕口令：草丛苍翠村，村村产人参，

　　　草刺摧残人，仓促蹿出村。

s〔s〕舌尖前清擦音

舌尖接近上齿背，形成间隙；关闭鼻腔通道，使气流从间隙摩擦通过成声。

例词：洒扫 sǎ sǎo　　松散 sōng sǎn

　　　诉讼 sù sòng　　思索 sī suǒ

绕口令：四十四个字和词，
组成一首子、词、丝的绕口词，
桃子、李子、梨子、栗子、橘子、柿子和榛子，
栽满院子、村子和寨子。
名词、动词、数词、量词、代词、助词和连词，
造成语词、诗词和唱词。
蚕丝、生丝、熟丝、缫丝、晒丝、纺丝和织丝，
自制粗丝、细丝、人造丝。

第七节　零声母

零声母也是声母。实验语音学证明：零声母往往也有特定的，具有某些辅音特性的起始方式。普通话零声母可以分为两类：一类是开口呼零声母，一类是非开口零声母。

非开口呼零声母即除开口呼以外的齐齿呼、合口呼、撮口呼三种零声母的起始方式。

齐齿呼零声母音节汉语拼音用隔音字母 y 开头，由于起始部分没有辅音声母，实际发音带有轻微摩擦，是半元音〔j〕。半元音仍属辅音类。

合口呼零声母音节汉语拼音用隔音字母 w 开头，实际发音带有轻微摩擦，是半元音〔w〕或齿唇通音〔ʋ〕。

撮口呼零声母音节汉语拼音用隔音字母 y〔yu〕开头，实际发音带有轻微的摩擦，是半元音〔ɥ〕。

开口呼零声母汉语拼音字母不表示，不经过专门语音训练的人，一般感觉不到以 ɑ、o、e 开头的音节起始还有微弱的辅音形式存在。因为这些音节开头的辅音成分没有辨义作用，我们可以从略不讲。

例词：	激励 jī lì	习题 xí tí	（齐齿呼）
	昆仑 kūn lún	火炉 huǒ lú	（合口呼）
	孕育 yùn yù	蛐蛐 qū qu	（撮口呼）
	恩爱 ēn ài	偶尔 ǒu ěr	（开口呼）
	昂扬 áng yáng	大海 dà hǎi	（开口呼）

思考题

1. 总结 21 个声母（零声母除外）的发音特点和规律。
2. 零声母有几种起始方式？举例说明。
3. 准确、熟练朗诵本章绕口令。

第四章　字音响亮的关键
——韵母

语音音素可以分为两大类：元音（母音）和辅音（子音），元音在普通话语音中占优势。普通话语音中没有不包含元音的音节，而且有不少音节只有元音充当。除了少数语气词或象声词是用辅音组成的特殊音节（如：噷 hm、亨 heng、嗯 n）之外，辅音不能自成音节，必须和元音配合应用。我们练好每个元音的发音不仅是为了说准普通话，而且要和练声、吐字、行腔结合起来。因为元音是乐音，在歌唱中应尽量扩充、延续，是使字丰满、圆润的音节。

第一节　元音的性质和特点

1. 元音的性质

语音里元音最响亮。发元音时气流通过声门，与声带协调作用，产生乐音基音，经过口、咽腔时，受口、咽腔状态大小、舌位变化的影响，发出不同的元音 ɑ、o、e、i、u、ü。基音通过口、咽、头、胸这些共鸣腔体的共鸣作用，使声音美化、扩大了。

2. 元音的特点

①响亮、通畅、乐音成分多，汉语普通话语音中没有无元音的音节。

②声带振动，不用较强的气流就能产生乐音（即有基音和谐音成分），而且经过共鸣腔的作用使声音洪亮、圆润。

③发音时，气流在口腔中不受阻碍。

④发音器官相对松弛，均衡紧张，不像辅音只有阻碍气流的那部分肌肉需要紧张起来。

第二节 39 个韵母

i	闭地七益	u	布亩竹出	ü	女律局域
ɑ	巴打铡法	iɑ	加佳瞎压	uɑ	瓜抓刷画
e	歌社得合	ie	爹界别叶	üe	靴月略确
o	熬咯摸唷	uo	多果若握	ɑi	该太白麦
uɑi	怪坏帅外	ei	杯飞黑贼	uei	对穗惠卫
ɑo	包高茂勺	iɑo	标条交药	ou	头周口肉
iou	牛秋九六	ɑn	半担甘暗	iɑn	边点减烟
uɑn	短川关碗	üɑn	捐全远蠲	en	本分枕根
in	林巾心因	uen	吞寸昏问	ün	军训孕骏
ɑng	当方港航	iɑng	良江向祥	uɑng	壮窗荒王
eng	蓬灯能庚	ing	冰丁京杏	ueng	翁鹟滃
ong	东龙冲公	iong	兄永穷用		

ê 欸
—i（前）资此思字
—i（后）支赤湿日
er 耳二鸸迩

注：韵母后面是例字。

普通话里 39 个韵母中有 23 个由元音（单元音或复合元

音）充当。16 个由元音附带鼻辅音韵尾构成。普通话韵母的韵头有—i、—u、—ü 三个。韵尾有四个：其中两个元音韵尾—i、—u（包括汉语拼音的拼写形式—o，如 ao、iao 中的 o）和两个辅音韵尾—n、—ng。

普通话的韵母可分为单韵母、复韵母、鼻韵母三大类。其中单韵母 10 个，即：a、o、e、ê、i、u、ü、—i（前）、—i（后）、er。复韵母 13 个，即：ai、ei、ao、ou、ia、ie、ua、uo、üe、iao、iou、uai、uei。鼻韵母 16 个，即：an、en、in、ün、ang、eng、ing、ong、ian、uan、üan、uen、iang、uang、ueng、iong。

汉语音韵学还根据韵母开头的实际发音把韵母分为“开口呼”、“齐齿呼”、“合口呼”、“撮口呼”四类。普通话有 15 个开口呼韵母：a、o、e、ai、ei、ao、ou、an、en、ang、eng、ê、—i（前）、—i（后）、er。

有 9 个齐齿呼韵母：i、ia、ie、iao、iou、ian、in、iang、ing。

有 10 个合口呼韵母：u、ua、uo、uai、uei、uan、uen、uang、ueng、ong。

有 5 个撮口呼韵母：ü、üe、üan、ün、iong。

第三节　韵母的发音条件

发音时口腔状态的变化和舌位的高低前后，嘴唇圆或不圆与韵母的发音是否准确都有着直接的关系。舌头抬高，口腔就缩窄，舌头降低，口腔就放宽。嘴唇撮圆前声腔延长，嘴唇平展前声腔缩短。

1. 唇形的圆展

在相同舌位状态下，由于唇形的圆展不同，就形成两个不同的元音。如：i——ü，e——o 在北京语音中 ü、o、u 这三个是圆唇元音。在歌唱发声中应该是唇形略圆，而不是太圆，否则声音容易发闷、混浊，不够清晰。而且，面部表情也欠佳。不圆唇的音也就是展唇音。发音时嘴不能太扁，否则声音没有力度，容易松散、不集中。在歌唱中要灵活掌握圆唇扁发，扁唇圆发。

如：山茶花，山茶花
　　洁白的山茶花。　　　　（体会扁唇圆发）
　　小黑虎，你别哭
　　这是五十五只小黑猪。　（体会圆唇扁发）

2. 舌位的高低

“舌位”是指发音时舌头在口腔中的具体位置。发音的“舌位”是根据韵母的变化和需要而不断变化的。发音时舌面隆起，接近上腭叫“高舌位”，这种状态发出的元音叫“高元音”或“窄元音”；发音时舌面放平，远离上腭叫“低舌位”，这种状态发出的元音叫“低元音”或“宽元音”。也就是说舌位的高低与口腔开合的程度有密切关系。舌位高，口腔开口度小，如发 i 音。舌位低，口腔开口度就大，如发 ɑ 音。

口腔开合变化分四种情况：

①舌位低口腔开如：ɑ 音。

②舌位次低口腔半开如：ê 音。

③舌位半高口腔半闭如：e 音。

④舌位高口腔微闭如：i、u、ü 音。

在练习韵母的发音时，要掌握基本的发音状态，在实际歌唱时，则要注意窄元音宽发，宽元音窄发的要领。

如：情意缝在我心里。　　（窄音宽发）
　　装点江山美如画。　　（宽音窄发）

3. 舌位前后

舌位隆起最高点在上腭前部，叫舌位前，发出的元音叫前元音。如：i、ü 音。

舌位隆起最高点在上腭后部，叫舌位后，发出的元音叫后元音。如：o、u 音。

舌位隆起的最高点在中央，发出的元音叫央元音。如：ɑ 音。

在练习中要注意：前元音不能太偏前，后元音不能太偏后，否则会造成声音的扁、白、暗、浊。

如：我爱你塞北的雪，飘飘洒洒漫天遍野。

（体会前元音后发）

大海啊大海，是我生长的故乡。

（体会后元音前发）

元音在口腔中发音的具体位置，详见舌位图：

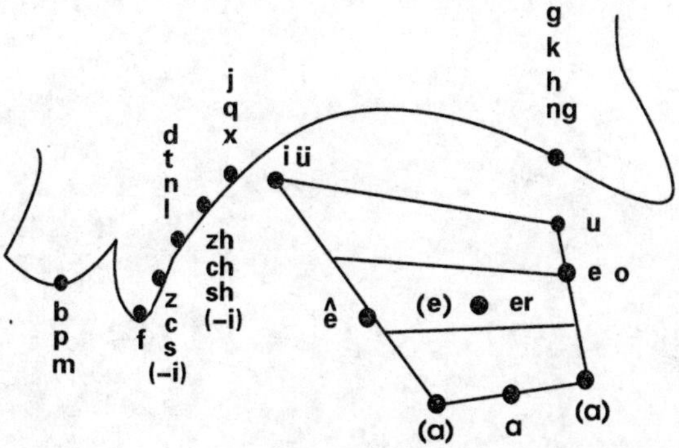

元音舌位图

元音舌位图说明：

①线左边代表口腔前部，右边代表口腔后部，前边两点距离宽，后边两点距离短，说明舌面前部活动范围大，这是由人

的口腔生理条件决定的。

②从舌的水平移动线来看，开口度小时舌的前后移动距离大，开口度大时，舌的前后活动幅度小，这也是受口腔生理条件决定的。

综上两点，元音发音时舌位移动派生出第一特点是：前元音随着开口度的增长，舌位自然地后缩，后元音随着开口度的增长，舌位自然地前移。

思考题

1. 元音的特点是什么？与辅音有什么不同？
2. 为什么说韵母是字音响亮的关键？
3. 准确背诵39个韵母。
4. 准确、熟练，按速度要求朗诵绕口令。

第五章 韵母的发音分析

第一节 单元音韵母 ɑ、o、e、ê、i、u、ü、er、—i（前）、—i（后）

ɑ〔A〕 央低不圆唇元音

口开大，舌尖微离下齿背，舌面中部微微凹下，后部微微隆起和硬腭后部相对，发音时声带振动，关闭鼻腔通道。

例词：打靶 dǎ bǎ　　大厦 dà shà

　　　发达 fā dá　　喇叭 lǎ bā

绕口令：一个胖娃娃捉了三只大花活蛤蟆，

　　　　三个胖娃娃捉了一只大花活蛤蟆。

　　　　捉了一只大花活蛤蟆的三个胖娃娃，

　　　　真不知，捉了三只大花活蛤蟆的一个胖娃娃。

o〔o̜〕后中圆唇元音

上下唇自然拢圆，舌身后缩，舌面后部隆起和软腭相对，舌位介于半高半低之间。发音时，声带振动，关闭鼻腔通道。

例词：伯伯 bó bò　　婆婆 pó pò

　　　默默 mò mò　　泼墨 pō mò

绕口令：波波和国国跟着婆婆做饽饽。

　　　　国国磨破了婆婆的箩，

　　　　波波打漏了婆婆的锅，

　　　　急的国国和波波上街去补箩和锅。

e〔ɤ〕后半高不圆唇元音

口半闭，展唇，舌身后缩，舌面后部稍隆起和软腭相对，比元音 o 略高而偏前。发音时声带振动，关闭鼻腔通道。

例词：隔阂 gé hé　　合格 hé gé
　　　客车 kè chē　　折射 zhé shè

绕口令：贺伯伯特有德，读书千万册，
　　　　博学阅历多，跟谁也投和。
　　　　贺伯伯上街去买车，
　　　　适逢好友车卓设。
　　　　车卓设扯着贺伯伯家中坐，
　　　　两人边谈边笑特投和，
　　　　一聊聊到太阳落，
　　　　贺伯伯也没买成车。

ê〔E〕前中不圆唇元音

口自然打开、展唇，舌尖抵住下齿背，使舌面前部隆起与硬腭相对，发音时，声带振动，关闭鼻腔通道。

韵母 ê 除语气词“欸”外单用机会不多，只出现在复韵母 ie、üe 中。

i〔i〕前高不圆唇元音

口微开，两唇呈扁平状，上下齿相对，舌尖轻抵下齿背，使舌面前部隆起和硬腭前部相对。发音时，声带振动，关闭鼻腔通道。

例词：笔记 bǐ jì　　激励 jī lì
　　　霹雳 pī lì　　习题 xí tí

绕口令：小倪小李和小吕，
　　　　三人来到院子里。
　　　　小李教小吕和黄泥，
　　　　小李向小倪学削梨，
　　　　小吕帮小倪编竹篱。

你帮我来我教你，
团结互助赛兄弟。

u〔u〕后高圆唇元音

两唇收缩成圆形，略向前突出；舌后缩，舌面后部高度隆起和软腭相对。发音时，声带振动，关闭鼻腔通道。

例词：补助 bǔ zhù　　读物 dú wù
　　　辜负 gū fù　　瀑布 pù bù

绕口令：有个老头本姓顾，
上街买布又打醋。
买了布，打了醋，
抬头看见鹰叼兔。
他放下手里的布和醋，
赶紧去捉鹰和兔。
回来不见了布和醋，
赶紧去找布和醋。
飞了鹰跑了兔，
丢了布打了醋。

ü〔y〕前高圆唇元音

两唇拢圆，略向前突；舌尖抵住下齿背，舌面前部隆起和硬腭前部相对。发音时，声带振动，关闭鼻腔通道。

例词：聚居 jù jū　　区域 qū yù
　　　须臾 xū yú　　语序 yǔ xù

绕口令：这天天下雨，体育运动委员会穿绿雨衣的女小吕去找计划生育委员会穿红雨衣的女老李。
体育运动委员会穿绿雨衣的女小吕，没有找到计划生育委员会穿红雨衣的女老李。
计划生育委员会穿红雨衣的女老李也没有碰到体

育运动委员会穿绿雨衣的女小吕。

er〔ər〕 卷舌元音

口自然打开，舌位居中，舌前、中部上抬，舌向后卷，和硬腭前端相对。发音时，声带振动，关闭鼻腔通道。

例词：而且 ér qiě　　儿歌 ér gē

耳朵 ěr du　　二胡 èr hú

绕口令：进了门儿倒杯水儿，

喝了两口运运气，

顺手拿起小唱本，

唱了一曲儿又一曲儿。

练完了嗓子我练嘴皮儿，

绕口令练字音，

还有单弦牌子曲。

小快板儿，大鼓词儿，

越说越唱我越带劲儿。

—i〔前〕〔ɿ〕舌尖前不圆唇元音

口略开，展唇，舌尖和上齿背相对，保持适当距离。发音时，声带振动，关闭鼻腔通道。这个韵母在普通话里只出现在 z、c、s 声母的后面，不能自成音阶。发音时把“si”拉长，取后半部分就是—i〔前〕音了。书写时用“i”兼代。

例词：私自 sī zì　　此次 cǐ cì

次子 cì zǐ　　趑趄 zī jū

绕口令：四是四，死是死，

四次就是四次，不是“市持”。

死人就是死人，不是“洗银”。

四人就是四人，不是“死人”，

如果说错了，一定会误事。

—i〔后〕〔ʅ〕舌尖后不圆唇元音

口略开，展唇，舌尖前端抬起和硬腭相对。发音时，声带振动，关闭鼻腔通道。这个韵母在普通话里只出现在 zh、ch、sh、r 声母的后面，发音时把“zhi”拉长，取后半部分，就是—i〔后〕音了。书写时用“i”兼代。

例词：支持 zhī chí　　吃食 chī shí

　　　试制 shì zhì　　制止 zhì zhǐ

绕口令：史老师学史诗，学了史诗长知识。

　　　　史诗记载的是史实，

　　　　认识就从史实始。

　　　　知之为知之，不知为不知，

　　　　学史诗要实事求是老老实实。

第二节　复合元音韵母

1. 前响复合元音：ɑi、ei、ɑo、ou

前响复合元音韵母的发音特点是：舌位都是由低向高滑动，开头的元音音素响亮清晰，收尾的元音音素轻短模糊，因此，收尾的字母（或音标）只表示舌位移动的方向。

ɑi〔aI〕是前元音的音素复合，动程宽。起点元音是比单元音 ɑ〔A〕的舌位靠前的前低不圆唇元音 ɑ〔a〕，可以简称它为“前 ɑ”。发音时，舌尖轻抵下齿背，使舌面前部隆起与硬腭相对。从前“ɑ”开始，舌位向“i”的方向滑动升高，大体停在次高元音〔I〕的位置上。

例词：爱戴 ài dài　　采摘 cǎi zhāi

　　　海带 hǎi dài　　开采 kāi cǎi

绕口令：小艾和小戴，一起去买菜，

　　　　小艾把一斤菜给小戴，

小戴就有比小艾多一倍的菜。
小戴把一斤菜给小艾，
小艾小戴就有一样多的菜。
请你拍拍脑袋猜一猜，
小艾小戴各买了几斤菜？

ei〔eI〕起点元音是前半高不圆唇元音 e〔e〕，实际发音舌位要靠后靠下，接近央元音〔ə〕。发音过程中舌尖轻抵下齿背，使舌面前部（略后）隆起对着硬腭中部。舌位从 e 开始舌位升高，向 i 的方向往前往高滑动，大体停在次高元音〔I〕的位置上，ei 是普通话中动程较短的复合元音。

例词：肥美 féi měi　　妹妹 mèi mei
　　　配备 pèi bèi　　娓娓 wěi wěi

绕口令：贝贝背水，水洒贝贝一背水。
　　　　妹妹添煤，煤抹妹妹两眉煤。

ɑo〔ɑU〕是后元音音素的复合，起点元音比单元音 ɑ〔A〕的舌位靠后，是个后低不圆唇元音，可简称为“后 ɑ”。发音时，舌头后缩，使舌面后部隆起，从“后 ɑ”开始，舌位向 u（拼写作—o，实际发音接近 u）的方向滑动升高，收尾的—u（—o）音舌位状态接近单元音 u，但舌位略低。

例词：懊恼 ào nǎo　　操劳 cāo láo
　　　骚扰 sāo rǎo　　高潮 gāo cháo

绕口令：东边庙里有只猫，
　　　　西边树梢有只鸟，
　　　　猫鸟天天闹，
　　　　不知是猫闹鸟，
　　　　还是鸟闹猫。

ou〔əU〕起点元音比单元音 o 的舌位略高，略前，接近央元音〔ə〕或〔θ〕，唇形略圆。发音时，从略带圆唇的央〔ə〕开始，舌位向 u 的方向滑动。收尾—u 音比单元音 u 的舌位略低。它是普通话复韵母中动程最短的复合元音。

例词：兜售 dōu shòu　　　口头 kǒu tóu

漏斗 lòu dǒu　　　喉头 hóu tóu

绕口令：清早街上走，走到周家大门口，

门里跳出大黄狗，朝我哇啦哇啦吼。

我拾起石头打黄狗，

黄狗跳过来要咬我的手。

不知我手里的石头打没打着大黄狗？

也不知大黄狗咬没咬着我的手？

2. 后响复合元音：ia、ie、ua、uo、üe

后响复合元音发音的共同特点是：舌位由高向低滑动，收尾的元音音素响亮清晰，在韵母中处在韵腹地位，因此舌位移动的终点是确定的，而开头的元音素音都是高元音 i—、u—、ü—，由于它处于韵母的韵头位置，发音不太响亮比较短促。这些韵头在音节里特别是零声母音节里常伴有轻微摩擦。

ia〔iA〕起点元音是前高元音 i，由它开始，舌位滑向央低元音 a〔A〕止。i 的发音较短，a 的发音响而长。止点元音 a 位置确定。

例词：假牙 jiǎ yá　　　恰恰 qià qià

压价 yā jià　　　加压 jiā yā

绕口令：小亚上午补了牙，

邀请小贾去他家，

小贾上街买了鸭，

高高兴兴去了小亚家。

谁知鸭肉碰掉了小亚的假牙，
气的小亚骂小贾，
急的小贾满地找假牙。

ie〔iE〕起点元音是前高元音 i，由它开始舌位滑向前中元音 ê〔E〕止。i 较短，ê 响而长。止点元音 ê 位置确定。

例词：结业 jié yè　　　贴切 tiē qiè
　　　铁屑 tiě xiè　　　趔趄 liè qie

绕口令：姐姐上街去买鞋，
斜街的爷爷专制鞋。
鞋大姐姐不贴切，
鞋小姐姐打趔趄。
爷爷替姐姐定制鞋，
乐的姐姐谢爷爷。

uɑ〔uA〕起点元音是后高圆唇元音 u，由它开始，舌位滑向央低元音 ɑ〔A〕止，唇形由最圆逐步展开到不圆。u 较短，ɑ 响而长。

例词：挂花 guà huā　　　耍滑 shuǎ huá
　　　娃娃 wá wa　　　画画 huà hua

绕口令：娃娃从小爱画画儿，
画了一幅花丝袜。
娃娃画完要挂画儿，
画斜倒下砸娃娃。

uo〔uo̜〕由圆唇后元音复合而成。起点元音是后高元音 u，由它开始，舌位向下滑到后中元音 o 止，u 较短，o 响而长。发音过程中唇形保持圆唇，开头最圆，结尾圆唇度略减。

例词：错落 cuò luò　　　硕果 shuò guǒ
　　　脱落 tuō luò　　　蹉跎 cuō tuó

绕口令：大哥多大锅，二哥多二锅，

大哥拿多的大锅换二哥多的二锅。

二哥拿多的二锅换大哥多的大锅，

大哥二哥合用大锅和二锅。

üe〔yE〕由前元音复合而成。起点元音是圆唇的前高元音 ü，由它开始，舌位下滑到前中元音〔E〕唇形由圆到不圆。ü 较短，ê 响而长。

例词：雀跃 què yuè　　约略 yuē lüè

学业 xué yè　　决绝 jué jué

绕口令：情绵绵，意切切，

除夕白雪映雪月。

神州大地多皎洁，

雀跃欢呼新岁月。

3. 中响复合元音：iɑo、iou、uɑi、uei

普通话里的三合元音都是中响复合元音。这些韵母发音的共同点是舌位由高向低滑动，再由低向高滑动。开头的元音音素不响亮较短促，在音节里特别是在零声母音节里常伴有轻微的摩擦。中间的元音音素响亮清晰，收尾的元音音素轻短模糊。

iɑo〔iaU〕由前高元音 i 开始，舌位降至后低元音 ɑ〔a〕。然后再向后高圆唇元音 u 的方向滑升。发音过程中，舌位先降后升，由前到后，曲折幅度大。唇形从中间的元音 ɑ 开始由不圆唇变为圆唇。

例词：吊销 diɑ̀o xiɑ̄o　　巧妙 qiɑ̌o miɑ̀o

调料 tiɑ́o liɑ̀o　　苗条 miɑ́o tiɑ́o

绕口令：小刁挑鸟太教条，

非要一只苗条鸟，

有头有尾还有腰，

小刁挑鸟成笑料。

iou〔iəU〕由前高元音 i 开始，舌位降至央（略后）元音〔ə〕（或〔θ〕），然后再向后高圆唇元音〔U〕的方向滑升，发音过程中，舌位先降后升，由前到后，曲折幅度较大。发央（略后）元音〔ə〕时，逐渐圆唇。

复合元音 iou 在阴平(第一声)和阳平(第二声)的音节里，中间的元音(韵腹)弱化，甚至接近消失。舌位动程主要表现为前后滑动，成为〔iU〕。如：优〔iU〕、由〔iU〕、究〔tɕiU〕、求〔tɕ'iU〕。这是汉语拼音 iou 缩写为 iu 的依据，这种音变是随着声调自然变化的，在语音训练中不必强调。

例词：久留 jiǔ liú　　求救 qiú jiù
　　　绣球 xiù qiú　　牛油 niú yóu

绕口令：一葫芦酒九两六，
　　　　一葫芦油六两九。
　　　　六两九的油要换九两六的酒，
　　　　九两六的酒不换六两九的油。

uai〔uaI〕由圆唇的后高元音 u 开始，舌位向前滑降到前低不圆唇元音 ɑ（即“前 ɑ”），然后再向前高不圆唇元音 i 的方向滑升。舌位动程先降后升，由后到前，曲折幅度大。唇形从最圆开始，逐渐减弱圆唇度，发前元音 ɑ 以后渐变为不圆唇。

例词：外快 wài kuài　　怀揣 huái chuāi
　　　乖乖 guāi guai　　摔坏 shuāi huài

绕口令：老歪怀揣外快，
　　　　生拉硬拽老乖。
　　　　老歪老乖摔倒，
　　　　双双摔坏外踝。

uei〔ueI〕由后高圆唇元音 u 开始，舌位向前向下滑到前半高不圆唇元音 e 偏后靠下的位置（相当于央元时音〔ə〕偏前的位置），然后再向前高不圆唇元音 i 的方向滑升，发音过程中,舌位先降后升，由后到前，曲折幅度较大，唇形从最圆开始，随着舌位的前移圆唇度减弱，发 e 以后变为不圆唇。

在音节中，韵母 uei 受声母和声调的影响，中间的元音弱化，大致有四种情况：

①在阴平（第一声）或阳平（第二声）的零声母音节里，韵母 uei 中间的元音音素弱化接近消失。例如：“微、围”的韵母弱化为〔uI〕

②在声母为舌尖音 z、c、s、d、t、zh、ch、sh、r 的阴平（第一声）和阳平（第二声）的音节里，韵母 uei 中间的元音音素弱化接近消失。例如:“催、推、垂”的韵母弱化为〔uI〕

③在舌尖声母的上声（第三声）或去声（第四声）的音节里，韵母 uei 中间的元音音素只是弱化，但不会消失。例如:“嘴、腿、最、退”的韵母都弱化为〔$u^{e}I$〕

④在舌面后音（舌根）声母 g、k、h 的阴平（第一声）或阳平（第二声）音节里，韵母 uei 中间的元音 e 也只是弱化而不是消失。例如:“规、葵、灰”的韵母弱化为〔$u^{e}I$〕

以上音变都是随着声母和声调的条件变化的，语音训练中不必过分强调。

例词：垂危 chuí wēi　　　　追悔 zhuī huǐ

　　　归队 guī duì　　　　推诿 tuī wěi

绕口令：科学出智慧，迷信生愚昧。

　　　　好高骛远要追悔，苦心钻研增智慧。

普通话里三合元音构成的韵母，可以看成是在前响二合元音前面加上了 i—、u—、ü—的韵头，因此，韵腹舌位的前后，可以根据前响二合元音的情况确定。

第三节 复合鼻尾音韵母

鼻韵母是复合鼻尾音充当韵母。复合鼻尾音就是元音音素之后加上一个鼻辅音 n 或 ng 作为尾音（韵尾）。

普通话韵母的两个辅音韵尾—n、—ng〔ŋ〕都是鼻音，韵尾—n 的发音同声母 n—基本相同，只是—n 的部位比 n—靠后，—n 一般是舌面前部向上齿背和硬腭接触（参见《元音舌位图》）教学中仍把它看成是舌尖中鼻音。

普通话中明确区分以 n 和 ng 为韵尾的两组韵母。普通话中有鼻韵母 16 个，其中以—n 为韵尾的韵母 8 个：an、en、in、ün、ian、uan、uen、üan。以—ng 为韵尾的韵母 8 个：ang、eng、ing、ong、iang、uang、ueng、iong。

—n、—ng 两组韵母的区分在普通话韵母的教学中占有重要的地位。前、后鼻音的韵母区分的主要特点是：

①韵腹元音舌位的前后不同是两者区分的主要标志。如：an 与 ang 的区分主要表现在 an 中的元音是前低元音，而 ang 中的元音是后低元音。

②—n、—ng 是韵尾，只有与韵腹构成一个整体时才参与前、后鼻韵母的对比区分。为了确切体会鼻尾音的发音和听感性质，必须要求尽量发音完整。

③它们之间的对比关系是：an—ang、en—eng、in—ing、ian—iang、uon—uang、uen—ueng（ong）、ün—iong（传统语音学认为 ong、ueng 是一个韵母，注音字母就拼成 ×∠。汉语拼音方案按照实际发音设计为两个韵母）。基本上是一对一的对比关系，不是一对多或多对一的关系。

1. 带舌尖鼻尾音韵母：ɑn、en、in、ün、iɑn、uon、uen、üɑn

ɑn〔an〕起点元音是前低不圆唇元音 ɑ〔a〕，舌尖轻抵下齿背，舌位降到最低，关闭鼻腔通道。从“前 ɑ”开始，舌面升高，舌面前部向上齿背和硬腭前部接近，当两者将要接触时，软腭抬起，打开鼻腔通道，紧接着舌面前部与硬腭前部闭合，使在口腔受到阻碍的气流，从鼻腔流出，口形先开后合，舌位移动较大。

例词：参战 cān zhàn　　反感 fǎn gǎn

烂漫 làn màn　　赞叹 zàn tàn

绕口令：小安小谭去投弹，
小安不安打寒战，
小谭坦然投出弹，
小安心里真感叹。
仔细钻研才坦然，
对准目标投出弹。

en〔əu〕起点元音是央元音 e〔ə〕，舌位居中（不高不低不前不后），舌尖轻抵下齿背，舌面隆起部位受韵尾影响略靠前，从央元音 e 开始，舌面升高，舌面前部向硬腭前部接近，当两者将要接触时，软腭抬起，打开鼻腔通道，紧接着舌面前部与硬腭前部闭合，使在口腔受阻的气流从鼻腔流出。口形由开到闭，舌位移动很小。

例词：根本 gēn běn　　门诊 mén zhěn

人参 rén shēn　　振奋 zhèn fèn

绕口令：认真学习是根本，
勇气打开智慧门，
实践多想出真知，
钻研领会得精神。

in〔in〕起点元音是前高不圆唇元音 i，舌尖轻抵下齿背，关闭鼻腔通道，从舌位最高点的前元音 i 开始，舌面升高，舌面前部向硬腭前部靠近，当两者将要接触时，软腭上抬，打开鼻腔通道，紧接着舌面前部与硬腭前部闭合，使在口腔受阻的气流从鼻腔流出，开口度几乎没有变化，舌位动程很小。

例词：近邻 jìn lín　　拼音 pīn yīn
　　　信心 xìn xīn　　濒临 bīn lín

绕口令：小银和小林，是远亲又是近邻。
　　　　小银学音乐，小林学拼音，
　　　　小银帮小林学音乐，
　　　　小林帮小银学拼音，
　　　　学习都进步，两人心相印。

ün〔yn〕起点元音是前高圆唇元音 ü，与 in 的发音过程只是唇形变化不同，从圆唇的前元音 ü 开始，唇形从圆唇逐渐展开，而 in 唇形始终是展唇。

例词：军训 jūn xù　　均匀 jūn yún
　　　芸芸 yún yun　　逡巡 qún xún

绕口令：芸芸入学先军训，
　　　　均匀军装穿在身，
　　　　摸爬滚打勤询问，
　　　　要为祖国立功勋。

ian〔iæn〕从前高元音 i 开始，舌位向前低元音 ɑ〔前 ɑ〕的方向滑降。舌位只降到次低前元音〔æ〕的位置就开始升高，直到舌面前部抵住硬腭前部形成鼻音—n。

例词：艰险 jiān xiǎn　　连篇 lián piān
　　　前天 qián tiān　　田间 tián jiān

绕口令：大姐梳头要编辫，

小田小钱帮着编。
小田编那半边，
小钱编这半边，
编了半天编好辫。

uɑn〔uan〕发音时，由圆唇的后高元音 u 开始，口形迅速由合口变为开口状，舌位迅速向前滑降到不圆唇的前低元音 ɑ〔前 ɑ〕，然后舌位升高，接续鼻音—n。

例词：贯穿 guàn chuān　　　软缎 ruǎn duàn
　　　婉转 wǎn zhuǎn　　　专款 zhuān kuǎn

绕口令：红饭碗，黄饭碗，
红黄饭碗花饭碗，
碗碗盛了半碗饭，
每碗再加半饭碗，
红黄花碗碗碗满。

uen〔uən〕由圆唇的后高元音 u 开始，向央元音 e〔ə〕滑降，然后舌位升高，接续鼻音—n，唇形由圆唇在向中间折点元音 e〔ə〕的过程中渐变为展唇。鼻韵母 uen 受声母和声调的影响，中间的元音（韵腹）产生弱变化，它的音变条件与 uei 相同。

例词：昆仑 kūn lún　　　温存 wēn cún
　　　论文 lùn wén　　　馄饨 hún tún

绕口令：孙村李村过新春，
春雷一声响昆仑。
竹林怀春出春笋，
春联春雨处处春。

üɑn〔yæn〕从圆唇的前高元音 ü 开始，向前低元音 ɑ 的方向滑降，舌位只降到次低前元音〔æ〕略后就开始升高，接续鼻音—n。

例词：源泉 yuán quán　　轩辕 xuān yuán

涓涓 juān juān　　圆圈 yuán quān

绕口令：阎眼远和阎眼圆，

两人看来有渊源，

阎眼远比阎眼圆看得远，

阎眼圆比阎眼远眼睛圆。

2. 带舌根鼻尾音韵母：ang、eng、ing、ong、iang、uang、ueng、iong

ang〔aŋ〕起点元音是后低不圆唇元音 a〔ɑ〕，口开大，舌尖离开下齿背，舌头后缩，从“后 a”开始，舌面后部抬起，当贴近软腭时，软腭抬起，打开鼻腔通道，紧接着舌根与软腭接触，封闭了口腔通道，气息从鼻腔流出成声。

例词：帮忙 bāng máng　　苍茫 cāng máng

当场 dāng chǎng　　刚刚 gāng gāng

绕口令：拔苗助长苗不长，

长苗不拔苗长长，

叶公好龙龙飞翔，

吓出叶公假心肠。

eng〔ɤŋ〕起点元音是后半高不圆唇元音 e〔ɤ〕，口半闭，展唇，舌身后缩，舌尖离开下齿龈，舌面后部隆起，比发单元音 e 的舌面略低，然后接续舌根鼻音韵母—ng。

例词：承蒙 chéng méng　　丰盛 fēng shèng

更正 gēng zhèng　　萌生 méng shēng

绕口令：红纸做红灯，白纸做兔灯，

黄纸做橘灯，绿纸做瓜灯，

假灯胜真灯，今天点完明天扔。

ing〔iŋ〕起点元音是前高不圆唇元音 i，舌尖轻抵下齿背，舌面前部隆起，从 i 开始，舌面隆起部位不降低，一直后移，舌尖离开下齿背，接续舌根鼻尾音韵母—ng，外口形没有明显变化。

例词：叮咛 dīng níng　　经营 jīng yíng

命令 mìng lìng　　姓名 xìng míng

绕口令：平定桥旁百万兵，

分开两路列队形，

命令部队要肃静，

不要惊动老百姓。

oug〔Uŋ〕起点元音是比后高圆唇元音 u 舌位略低的次高后元音〔U〕。舌尖离开下齿背舌身后缩，舌面后部隆起，关闭鼻腔通道，从次高后元音〔U〕开始，舌面后部贴向软腭，接续带舌根鼻尾音韵母—ng，唇形始终拢圆。

例词：共同 gòng tóng　　轰动 hōng dòng

通融 tōng róng　　隆重 lóng zhòng

绕口令：我家住在洪钟峰，

洪钟峰上落彩虹。

红彤彤彩虹像张弓，

却是渡槽架长空。

iang〔iaŋ〕由前高元音 i 开始，舌位向后滑降到后低元音 ɑ〔ɑ〕(后 ɑ)，然后舌位升高，接续带舌根鼻尾音韵母—ng。

例词：两样 liǎng yàng　　洋相 yáng xiàng

响亮 xiǎng liàng　　踉跄 liàng qiàng

绕口令：相大娘家里上大梁，

梁重相大娘儿踉跄。

犟大郎帮相大娘上大梁，

上了大梁喜洋洋。

uang〔uaŋ〕由圆唇后高元音 u 开始，舌位滑降至后低元音 ɑ〔ɑ〕(后 ɑ)，然后舌位升高，接续带舌根鼻尾音韵母—ng，唇形从圆唇在向中间折点元音 ɑ 的滑动中渐变为展唇。

例词：狂妄 kuáng wàng　　双簧 shuāng huáng

状况 zhuàng kuàng　　旺旺 wàng wàng

绕口令：旺旺壮壮演双簧，

壮壮状况不太强，

错把狂妄说狂况，

旺旺下场说壮壮。

ueng〔uɤŋ〕由圆唇后高元音 u 开始，舌位滑降到后半高元音 e〔ɤ〕（稍稍靠前略低）的位置，然后舌位升高，接续带舌根鼻尾音韵母—ng，唇形从圆唇在向中间折点元音 e 滑动过程中渐变为展唇，在普通话里，韵母 ueng 只有一种零声母的音节形式 weng。

例词：蕹菜 wèng cài　　水瓮 shuǐ wèng

老翁 lǎo wēng　　齆气 wèng qì

绕口令：老翁进城买水瓮，

碰上了放蜂的小翁，

老翁的瓮撞翻了小翁的蜂，

小翁的蜂蜇了买瓮的老翁，

老翁躲蜂撞破了新买的瓮，

小翁收蜂买瓮赔老翁。

iong〔iUŋ〕由前高元音 i 开始，舌位向后略向下滑动到次高后元音〔U〕的位置，然后舌位升高，接续带舌根鼻尾音韵母—ng，前高元音 i 由于受它后面圆唇元音 o 的影响，开始的展唇前高元音 i 也带有圆唇动作。可以缩写为〔yuŋ〕甚至为〔yŋ〕。传统的汉语语音学把 iong 归属为撮口呼。

例词：炯炯 jiǒng jiǒng　　汹涌 xiōng yǒng

穷凶 qióng xiōng　　熊熊 xióng xióng

绕口令：解放军真英勇，
炯炯真睛惩顽凶。
帮助人民解窘穷，
百姓拥护子弟兵。

正音口诀

学好声韵辨四声，阴阳上去要分清；
部位方法须找准，开齐合撮属口形；
双唇班报必百波，舌尖当地斗点丁；
舌根高狗工耕故，舌面积结教坚精；
翘舌主争真志照，平舌资则早在增；
擦音发翻飞分复，送气查柴产彻称；
合口呼午枯胡古，开口河波歌安争；
撮口虚学寻徐剧，齐齿衣优摇业英；
前鼻恩因烟弯稳，后鼻昂迎井拥生；
咬紧字头归字尾，不难达到正字音。

思考题

1. 总结单元音韵母，复元音韵母的发音特点和规律。
2. 准确发出前、后鼻尾音韵母的首要条件是什么？
3. 结合不同韵母准确熟练朗诵绕口令。
4. 背诵正音口诀。

第六章　字音抑扬的核心
——声调

bā 八——pā 趴	是声母不一样
bā 八——bō 拨	是韵母不一样
bā 八——bà 爸	是声调不一样
zhǐ dǎo——zhī dào	指导——知道
bǎo wèi——bāo wéi	保卫——包围
huǒ chē——huò chē	火车——货车
gǔ lì——gū lì	鼓励——孤立
yán sè——yǎn sè	颜色——眼色
wú lǐ——wǔ lì	无理——武力
kàn shū——kǎn shù	看书——砍树

从以上的例词中可以看出：声、韵都一样，但声调不一样，词的意思就大不一样。因此说在汉语语音中声调起着区别意义的作用。

第一节　声调和声调的作用

1. 什么是声调

一个汉字就是一个音节，音节是汉语中最小的使用单位。构成这最小的使用单位有三种因素，就是声、韵、调。

如：妈 ˥　麻 ˧˥　马 ˨˩˦　骂 ˥˩　就是音节中声调的变化，表现出音节高低，升降、曲直、长短的变化。

声调的差别是由声带振动的频率（快、慢）决定的。振动快，频率就高，声调就高；振动慢，频率就低，声调就低。如果声带振动由慢变快，声调就是上升调，声带振动由快变慢声调就是下降调。

在语言里，声调虽然属于整个音节，但并不是一个音节中所有的音素都有明显的音高变化，音高的变化主要表现在韵腹上。如果说声韵是音节的骨头，那么声调就是音节的血肉。要正确掌握一个字的读音，就必须把声、韵、调三者有机地结合起来，忽略了声调，就会语意不明，甚至引起误会。如：孩子他妈呢？说成：孩子他骂你！煤油、火柴，说成：没有、火柴等等。有这样一句歇后语："老和尚念经——不好听"就是因为僧侣们念经时不论什么音节都用同一个声调，没有抑、扬、顿、挫的音乐美。由此可见声调在汉语普通话语音中的重要作用。

汉语普通话共有四个声调：

阴平	ˉ	高、天、方、出
阳平	ˊ	时、门、国、白
上声	ˇ	短、米、有、北
去声	ˋ	对、稻、必、叶

阴平声（第一声）——高平调，调值为〔55〕，发声时声带绷得较紧，始终没有明显的音调变化。

例字：方　fāng　　编　biān　　端　duān

　　　亏　kuī　　宣　xuān　　装　zhuāng

阳平声（第二声）——高升调，调值为〔35〕。发音时，声带从不松不紧开始，逐渐绷紧，音由不低不高升到最高。

例字：然　rán　　人　rén　　棉　mián

连 lián 年 nián 全 quán

上声（第三声）——降升调，调值为〔214〕发音时，声带从略微有些拉紧开始，立刻松弛下来，稍稍延长，然后迅速绷紧，但不要太紧，发音过程中，声音主要表现在低音段 1—2 度之间，成为上声的基本特征。上声的音长在普通话 4 个声调中是最长的。

例字：惹 rě 秒 miǎo 碾 niǎn

脸 liǎn 扁 biǎn 闯 chuǎng

去声（第四声）——全降调，调值为〔51〕。发音时声带从紧开始，到完全松弛为止。由高到低，去声的音长在普通话 4 个声调中是最短的。

例字：辣 là 热 rè 卖 mài

浪 làng 掉 diào 换 huàn

普通话常用音节有 400 多个，带调音节（不包括儿化音节）1250 多个。一般来说，一种言中声调的变化越多，音节的数量往往就越少（英语有近三千音节），因为声调能区别词义不同，声调多和变化明显的语言，更具备音乐性。

2. 声调的作用

声调可以纯正字音，区别词义。一个音节中声母、韵母都相同，由于声调不同，则表现不同的词意。例如：

tōng zhī tóng zhì tǒng zhì tòng zhǐ

通 知—— 同 志—— 统 治—— 痛 指

声调如掌握不准，同一句话会引起误解，例如：

教师同志——教室通知

优等鼓励——油灯孤立

大家立志——打架离职

我去搭柜子——我去打鬼子

从山西运来一货车松树——从陕西运来一火车松鼠

声调除了能区别词意外，还可以调气息，根据声调高扬转降不同的变化，控制量使声音强弱适度，灵活自如。

3. 声调练习（两字词练习）

(1) 两个阴平相连〔55〕调

星期、飞机、关心、功勋、屈膝、方针、

青春、交通、芬芳、出发、失约、漆黑

(2) 阴平阳平相连〔55、35〕调

帮忙、生成、渊源、温存、昆仑、鲜明、

深沉、胸怀、逍遥、须臾、失职、屈服

(3) 阴平与上声相连〔55、214〕调

插曲、说法、充满、施展、艰苦、争取、

听讲、批准、刚果、汹涌、摧毁、开垦

(4) 阴平与去声相连〔55、51〕调

割裂、拍摄、霹雳、督促、扑灭、丰富、

庄重、区域、音乐、声调、通信、方向

(5) 两个阳平相连〔35〕调

翱翔、繁荣、流行、黎明、年华、球迷、

人民、国旗、随时、团结、黄河、长城

(6) 阳平与阴平相连〔35、55〕调

国歌、联欢、杰出、学说、农村、国家、

澄清、明星、长江、房屋、搏击、革新

(7) 阳平与上声相连〔35、214〕调

南北、长短、黄海、民主、辞典、烦恼、

凉水、峡谷、直属、合法、狭窄、遥远

(8) 阳声与去声相连〔35、51〕调

答复、德育、决策、植物、平定、劳动、

革命、财物、豪迈、辽阔、局势、模范

(9) 两个上声相连〔214〕调

领导、管理、导演、展览、玛瑙、铁塔、

舞蹈、婉转、笔法、北海、请柬、浅显

(10) 上声与阴平相连〔214、55〕调

广播、曙光、北京、领空、统一、香港、

法则、祖宗、转播、整装、奖章、领空

(11) 上声与阳平相连〔214、35〕调

解决、北伐、指南、白雪、朗读、改革、

场合、统筹、普及、反常、表决、皎洁

(12) 上声与去声相连〔214、51〕调

冷酷、法律、美妙、水位、响亮、奖状、

角落、广阔、劝解、感叹、理论、笔墨

(13) 两个去声相连〔51〕调

庆贺、自传、热烈、目录、脉络、放纵、

命令、缔造、气势、阅历、浪费、受罪

(14) 去声与阴平相连〔51、55〕调

电灯、贵宾、自尊、内因、蓄积、象征、

救灾、窒息、列车、秘方、痛心、进军

(15) 去声与阳平相连〔51、35〕调

蜡烛、制服、特别、祝福、报名、上学、

汽笛、掠夺、漫谈、论文、辨别、调查

(16) 同音异读比较

按时——暗示　包围——保卫　参与——残余

厨房——处方	凡例——范例	更改——梗概
俘虏——附录	孤立——鼓励	欢迎——幻影
将就——讲究	解除——杰出	客机——科技
直扑——质朴	情愿——请愿	生理——胜利
下级——夏季	颜色——眼色	取消——取笑
身材——神采	胜任——升任	挑拣——条件
小看——校刊	荣华——溶化	平凡——平反
论争——论证	哪个——那个	毛巾——冒进

编织——编制——贬值

单子——胆子——担子

抵制——地址——地质

污秽——舞会——误会

下面是赵元任先生根据同声、同韵、不同调用 shi 音写成的一篇《施氏食狮史》：

石室诗士施氏，嗜狮，誓食十狮。氏时适市视狮，十时，适十狮适市。是时，适施氏适市。氏视十狮，恃矢势，使是十狮逝世。氏拾试是十狮尸。适石室，石室湿，氏使侍拭石室。石室拭，氏适试食十狮尸。食时，始识是十狮尸实是十石狮尸。试释是事。

4. 声调练习应注意的原则

音高要有度，高而不喊；

音低要有力，低而不散；

音高要声轻，轻而不浮（加强胸腔共鸣）；

音低要字沉，沉而不浊（加强头腔共鸣）；

音量加大时，气足而不拙；

音量减小时，气少而不虚。

四声特点和气息运用：

①阴平：起音高平莫低昂，气势平稳不紧张。
发元音 ā 体会。

②阳平：从中起音向上扬，用气弱起逐渐强。
发元音 á 来体会。

③上声：上声先降转上挑，降时气稳扬时强。
发元音 ǎ 来体会。

④去声：高扬直送向低唱，强起渐弱气通畅。
发元音 à 来体会。

第二节　调值和调类

1. 调值

调值就是声调的高低，升降，曲直，长短的形式，也就是声调的实际读法。简单地说是声调的“实”，就是说调类在某个地区所读的实际音值。比如说调类都是阴平，不同地区实际发音都不一样，如果把最高音标为 5 度，最低音标为 1 度，从“花”字的读音中可以看出：

北京人把“花”读成高平调〔55〕；
天津人把“花”读成最低调〔11〕；
开封人把“花”读成中调〔24〕；
沈阳人把“花”读成中平调〔33〕；
济南人把“花”读成降升调〔213〕。

再如：

普通话：辉煌伟大	开封话：回晃威打
我已选好	卧忌旋号
生活好过	省豁号国

从以上对比中可以看出，调值上相差一点，语音上就大不一样了。

2. 调类

前面讲到声调具有高、低、升、降、曲、直、长、短不同的调值变化。我们把相同的调值归纳起来进行分类，就是调类。普通话中的阴、阳、上、去就是4个调类，也就是常说的“四声”，是声调的“名”。

阴平声，也叫第一声。声调开始是“5度”结束时还是“5度”，不升高也不降低，叫高平调。

例句：现在开始

阳平声，也叫第二声。声调开始是“3度”然后从“3度”滑向“5度”，就是从中调起音再往上升，叫中升调。

例句：和平环境

上声，也叫第三声。声调开始从“2度”降到“1度”，然后转升到“4度”，这种叫降升调，它的特点是先降再扬起来。

例句：世代友好

去声，也叫第四声。声音一开始是“5度”然后降到“1度”，从高调降到最低调，叫全降调。

例句：世世代代

3. 调值的记录法

用5度标记法来记录一个音节的声调。

用一条竖线作标尺，中间分为5度，由下而上就表示声调由低向高，声带由松而紧；由上而下，就表示声调由高向低，声带由紧而松。再用一条斜线表示升降的起止度数。具体记录法如下：

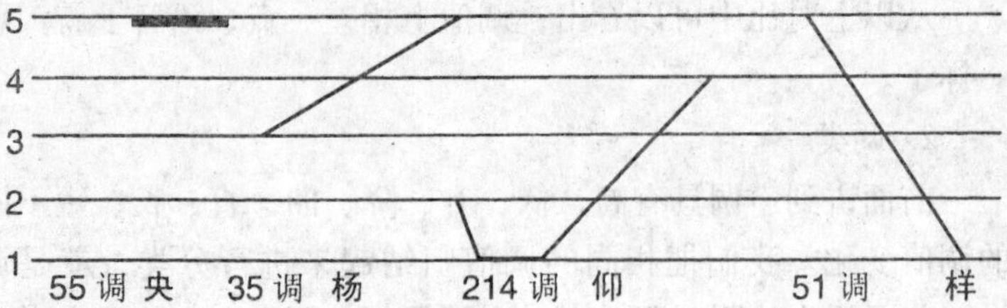

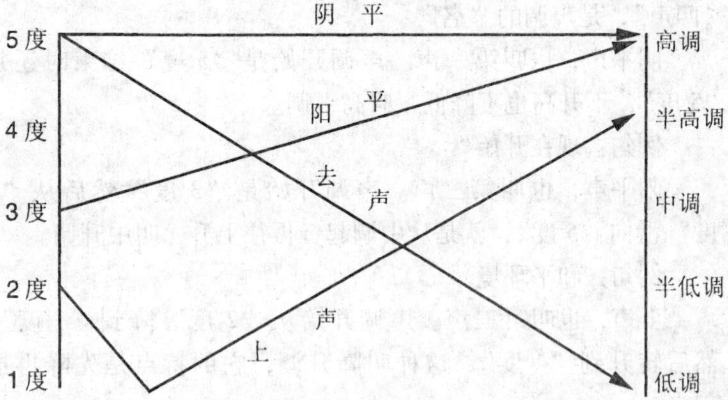

调值示意图

由低到高，由左到右，右边线表示音高变化。

思考题

1. 举例说明汉语普通话中的四个声调在区别词义中的重要作用。

2. 举例说明调值的不同将导致什么样的语音现象。

3. 背诵《施氏食狮史》和声调练习应注意的原则及四声特点和气息运用。

第七章　语言流动的表征
——音变

无论我们是随便聊天，还是朗诵、歌唱都不是孤立地发出一个个音节，而是连续发出一串音节，形成语流。由于音节之间的互相影响产生了语音变化，我们称之为语流音变。

任何语言的语音变化都服从于一定的变化规律，但语音的变化规律不是可以应用于任何语言的一般规律。比如说，生活在某一方言区的人，平时用方言讲话十分自如，但讲普通话时语言就显的不够流畅。原因就是在于他受生活环境的影响，已经非常熟练的掌握方言的语音变化规律，而对普通话的变化规律还没有完全认识或掌握。这样，即使他能按照普通话声韵调的要求单独发好每个音节，但在语流中，由于不能熟练的把握音素与音素，音节与音节，声调与声调之间互相影响所产生的语音变化，所以听起来，仍被认为是不规范的普通话。因此，我们在掌握汉语普通话音节三要素（声、韵、调）的基础上，进一步掌握和运用普通话的语流音变规律，就显得格外重要。

第一节　变　调

音节连读时，声调发生变化叫变调。主要有以下 4 种现象：

1. 上声变调

上声在阴平、阳平、上声、去声前都会发生变调，完全读上声原调的机会很少，只有在单念或在词语句子的末尾时仍读本调〔214〕。

①上声在阴平、阳平、去声、轻声前，即在非上声前，丢掉后半段〔14〕上升的尾巴，调值由214变为半上声211，变调调值为214—211。例如：

（上声+阴平）

百般 bǎi bān　　摆脱 bǎi tuō　　保温 bǎo wēn

省心 shěng xīn　　警钟 jǐng zhōng　　火车 huǒ chē

（上声+阳平）

祖国 zǔ guó　　旅行 lǚ xíng　　导游 dǎo yóu

改革 gǎi gé　　朗读 lǎng dú　　考察 kǎo chá

（上声+去声）

广大 guǎng dà　　讨论 tǎo lùn　　挑战 tiǎo zhàn

土地 tǔ dì　　感谢 gǎn xiè　　稿件 gǎo jiàn

（上声在轻声前）

矮子 ǎi zi　　奶奶 nǎi nai　　马虎 mǎ hu

尾巴 wěi ba　　口袋 kǒu dai　　伙计 huǒ ji

②两个上声相连，前一个上声的调值变为35。实验语音学根据语图和听辨实验证明，前字上声，后字上声构成的组合与前字阳平，后字上声构成的组合在声调模式上是相同的。说明两个上声相连，前字上声的调值变得跟阳平的调值一样。变调调值描写为35—214。例如：

（上声+上声）

懒散 lǎn sǎn　　拇指 mǔ zhǐ　　母语 mǔ yǔ

粉笔 fěn bǐ　　旅馆 lǚ guǎn　　古典 gǔ diǎn

③三个上声相连的变调

三个上声音节相连，如果后面没有其他音节，也不带什么语气，末尾音节一般不变调，开头、中间的上声音节有两种变调：

A. 当词语的结构是“双单格”时，开头、当中的上声音节调值变为35，跟阳平的调值一样。

例如：手写体 shǒu xiě tǐ　　展览馆 zhǎn lǎn guǎn

选举法 xuǎn jǔ fǎ　　勇敢者 yǒng gǎn zhě

打靶场 dǎ bǎ chǎng　　管理组 guǎn lǐ zǔ

B. 当词语的结构是“单双格”时，开头音节处在被强调的逻辑重音时，读作“半上”，调值变为211，中间音节则按两字组变调规律变为35。

例如：党小组 dǎng xiǎo zǔ　　撒火种 sǎ huǒ zhǒng

冷处理 lěng chǔ lǐ　　耍笔杆 shuǎ bǐ gǎn

小拇指 xiǎo mǔ zhǐ　　老保守 lǎo bǎo shǒu

2. 去声变调

去声在非去声字前一律不变，在去声字前则由全降变为半降，调值由51变为53。例如：

（去声＋阴平）

认真 rèn zhēn　　办公 bàn gōng　　腊八 là bā

客车 kè chē　　外宾 wài bīn　　自发 zì fā

（去声＋阳平）

自然 zì rán　　克服 kè fú　　戒严 jiè yán

电台 diàn tái　　色泽 sè zé　　共同 gòng tóng

（去声＋上声）

肋骨 lèi gǔ　　勒索 lè suǒ　　耐久 nài jiǔ

下雨 xià yǔ　　那里 nà lǐ　　呐喊 nà hǎn

（去声＋去声）

意义 yì yì　　奉献 fèng xiàn　　覆盖 fù gài

界线 jiè xiàn　　肖像 xiào xiàng　　靠背 kào bèi

3. “一”的变调

“一”单用或在词句末尾时仍念本调〔阴平声55〕，“一”有三种变调。

A. 在阴平、阳平、上声音节前，即在非去声音节前，变去声，调值变为51。例如：

（在阴平前）

一般 yì bān　　一边 yì biān　　一端 yì duān

一瞥 yì piē　　一身 yì shēn　　一些 yì xiē

（在阳平前）

一连 yì lián　　一齐 yì qí　　一排 yì pái

一行 yì háng　　一同 yì tóng　　一群 yì qún

（在上声前）

一举 yì jǔ　　一口 yì kǒu　　一览 yì lǎn

一手 yì shǒu　　一准 yì zhǔn　　一早 yì zǎo

B. 在去声音节前变阳平，调值为35。例如：

一半 yí bàn　　一旦 yí dàn　　一定 yí dìng

一度 yí dù　　一概 yí gài　　一共 yí gòng

C. ①夹在重叠式的动词中间念轻声。例如：

说一说　看一看　想一想　算一算

②夹在非重叠式动词中间，则依后一个音节产生变调，变调规律如前。例如：

走一遭　　去一趟　演一处　喝一杯

当“一”作为序数表示“第一”时不变调。例如：“一楼”的“一”不变调，表示“第一楼”或“第一楼层”，而变调则表示“全楼”。“一连”的“一”不变调表示“第一连”，而变调则表示“全连”，副词“一连”中的“一”也变调，如“一连五天”。

4. “不”的变调

“不”字单用或在词句末尾，以及在阴平、阳平、上声前仍念本调——去声。“不”的变调只有两种情况。

A. 在去声音节前，调值变为35，跟阳平的调值一样。

例如：不必 bù bì　　不变 bù biàn　　不测 bù cè

　　　不错 bù cuò　　不待 bù dài　　不要 bù yào

B. ①夹在动词或形容词中间，夹在动词和补语之间念轻声。

例如：穿不穿　　谈不谈　　买不买　　去不去

　　　看不清　　起不来　　打不开　　抬不动

②夹在其他音节中间，不是依前一个音节变为轻声，而是当音量稍有加强，就依后一个音节产生变调，变调规律如前。

例如：会不会　　你不去　　补不补　　弄不懂

第二节　轻　声

轻声是一种特殊的变调现象，由于长期处于口语轻读音节的地位，失去了原有声调的调值，又重新构成自身特有的音高形式，听感上显得轻短模糊，普通话语音中的轻声都是从阴平、阳平、上声、去声四个声调变化而来的。

如：哥哥、婆婆、姐姐、弟弟。说它“特殊”是因为这种变调总是根据前一个音节声调的调值决定后一个轻声音节的调值，而不论后一个音节原调调值的具体形式。

轻声作为一种变调的语音现象，一定体现在词语和句子中，因此，轻声音节的读音不能独立存在。固定读轻声的单音节助词，语气词也不例外，它们的实际轻声调值也要依靠前一个音节的声调来确定。绝大多数的轻声现象表现在口语双音节词中，长期读作“重、最轻”的轻重音格式，使后一个音节的原调调值变化，构成轻声调值。

1. 轻声的语音特性

从声学角度分析，轻声音节的能量较弱，是音高、音长、音强、音色综合变化的反映，但这些语音的要素在轻声音节的辨别中所起作用的大小是不同的，语音实验证明，轻声音节的特性是由音高和音长这两个比较重要的因素构成的。从音高上看，轻声音节失去原有的声调调值，变为轻声音节特有的音高形式，构成轻声调；从音长上看，轻声音节一般短于正常重读音节的长度，甚至大大缩短。可见音的长短是构成轻声特性的另一个重要因素。尽管轻声音节的音较短，但它的调形仍然可以分辨，并在辨别轻声时起着不可忽视的作用。

2. 轻声音节调值为两种形式

①当前面一个音节的声调是阴平、阳平、去声时，后面一个轻声音节的调型是短促的低降调，调值为$\underline{31}$（调值下加短横线表示音长短，下同）。例如：

（阴平、轻声）

他的、桌子、说了、先生、休息、庄稼

（阳平、轻声）

红的、晴了、泥鳅、胡琴、行李、头发

（去声、轻声）

坏的、扇子、意思、骆驼、漂亮、吓唬

②当前面一个音节的声调是上声时，后面轻声音节的调型是短促的半高平调，调值为$\underline{44}$（实际发音受前面上声的影响，往往开头略低于4度，形成一个微升调形，由于轻声音节音值较短，这种细微变化不易察觉）。

例如：（上声、轻声）

我的、斧子、喇叭、老实、脊梁、嘱咐

轻声音节的音色也有一定的变化，最明显的是韵母发生弱化，如元音（指主要元音）舌位由原位置趋向中央等。声母也可能产生变化，如不气的清塞音，清塞擦音声母变为浊塞音，浊塞擦音声母等。

轻声音节的音色变化是不稳定的，语音训练要求掌握已经固定下来的轻声现象（字典、词典已收入的）。例如：助词“的”读 de，“了”读 le，词缀“子”读 zi。

音强在辨别轻重音方面起的作用很小，在普通话轻声音节中音强不起明显作用。轻声音节听感上轻短模糊，主要是心理感知作用，由于轻声音节较短，读音时所需气息明显减少，但音强并不一定比正常重读音节弱。

3. 轻声在区别词义上的作用

两个字音字形完全相同的音节，由于第二音节字音的重读或轻读的不同，词义就会发生很大的变化（字下有点的读轻声）。例如：

是非（祸端）　　　是非（是与不是）
东西（货物）　　　东西（方向）
火烧（烧饼）　　　火烧（用火烧）
大意（粗心）　　　大意（大概含义）
对头（冤家）　　　对头（正确）
人家（别人）　　　人家（住家）
站住（不许走）　　站住（站稳了）

在口头上应用很久的一些词，按照习惯把第二音节读成轻声。而一些新名词、科学术语或文言词语的第二音节一般不能读成轻声。例如：

衣服——制服　　声音——元音
干净——洁净　　道理——真理

由此可见，一个音是否读轻声除了从习惯的角度来考虑以外，还要注意从词义上进行分析。那么一个音节在什么情况下读轻声哪？

4. 轻声音节的一般规律

轻声不单纯是一种语音变化，它和语法有密切的关系，其变化的一般规律如下：

①语气词“哇、吗、呀、啦、啊、吧”等读轻声。

例如：快走哇！　你好吗？　等你呢！　是啊。

别急呀。　太早啦！　你说哪。再坐坐吧。

②助词：“着、了、过、的、地、得、们”等读轻声。

例如：我的书　慢慢地看　写得真好

在我们生活的自然界里，盛开着无数美丽的鲜花它装扮着大地，美化了人们的生活。

③名词的后缀“子、头”等读轻声。

例如：大象的四条腿像木头柱子似的。

④重叠式名词，动词的后一个音节读轻声。

例如：哥哥和弟弟，你看看我，我看看你。

咱们再试试，你说说看。

⑤表示趋向的动词读轻声。

例如：他进去了。

中国人民从此站起来了！

⑥虚字词尾、方位词读轻声。

例如：他们去搬椅子，桌子。

书在屋里的桌上。

天上有个太阳，水中有个月亮。

还有许多轻声词没有一定的规律，有些双音节词的第二音节，按习惯要读轻声。

例如：秘书　大夫　闺女　相声　玻璃
　　　萝卜　豆腐　庄稼　云彩　眼睛

总之，轻声是普通话中一个重要的音变现象，一个音节是否轻声，一定要从词句的整体结构上来分析。轻声音节是弱化音节，读的时候即不要拖长，也不要过于短促，造成“吃字”。

第三节　儿　化

汉语普通话的儿化现象主要由词尾“儿”变化而来。词尾“儿”本身是一个独立的音节，由于口语中处于轻读的地位，长期与前面的音节流利地连读而产生音变。“儿”〔er〕失去了独立性，“化”到前一个音节上，只保持一个卷舌的动作，使两个音节融合成为一个音节。前面音节里的韵母或多或少地发生变化，这种语音现象就叫“儿化”。我们把这种带有卷舌色彩的韵母称作“儿化韵”。

1. 儿化韵音变规则

儿化韵音变的基本性质是使一个音节的主要元音带上卷舌色彩（—r 是儿化韵的形容性符号，不把它作为一个音素看待）。儿化韵的音变条件取决于韵腹元音是否便于做卷舌动作。

①儿化音变是从后向前使韵腹（主要元音），韵尾（尾音）发生变化，对声母和韵头，i—、ü—没有影响。

②以—i、—n、—ng 为韵尾时，去掉 i、n、ng 加 r（in、ün 后面加 er）。

③在主要元音上（主要元音是 i、ü 时除外）加卷舌动作。这些主要元音大多数变为带有卷舌色彩的央元音 ɑr 和 er。

④在主要元音 i、ü 后面加上 er〔ər〕。包括 5 个原形韵

母：i、in、ing、ü、ün。另外，儿化时舌尖元音 i—〔ɿ〕和〔ʅ〕后面加 er，实际读音是用〔ər〕替换了原来的韵母。

⑤后鼻尾音韵母儿化时，除丢掉韵尾 ng 外，往往使主要元音鼻化。

2. 儿化的功能

儿化并不纯粹是语音的变化，它和词意有着密切的关系，在汉语普通话里起着修辞和表示语法功能的积极作用。

①表示喜爱，亲切的感情色彩。

例如：这小孩儿多好玩儿。我老伴儿……。

②表示细小、少、轻微的内涵。

例如：窗户缝儿。一丁点儿。凉丝儿丝儿的。

③表示时间短暂，距离很近。

例如：我一会儿就回来。坐会儿再走。
他家离这不远儿，就在那边儿。

④区别词义。

例如：眼（眼睛）	眼儿（小窟窿）
一点（时间）	一点儿（少）
头（脑袋）	头儿（首领）
信（信函）	信儿（消息）

⑤改变词性。

例如：盖（动词）	盖儿（名词）
尖（形容词）	尖儿（名词）
画（动词）	画儿（名词）

普通话 39 个韵母中，除本身已是卷舌韵母 er 外，从理论上来讲，都可以儿化，但口语中韵母辍 ê、u、eng（把 bo、po、mo、fo 后 o 看作是 uo 的省略。认为“瓮”可以儿化比较勉强）未见儿化词，实际上只有 35 个韵母可以儿化。

儿化的音变使语音更加生动、形象、富于变化，但绝不能随意把词语加以儿化，它除了和词义有密切的联系外，还要和语言环境联系起来考虑。

3. 儿化韵和儿化词发音举例

下面列出每个原形韵母，用符号 > 表示由哪个原形韵母变为儿化韵。描写儿化韵中的“:”表示“:”之前的是主要元音（韵腹），不是介音（韵头）。

注意：此处是借助汉语拼音描写儿化音节的实际发音，并非拼写规则。

a > ar	那儿	碴儿	价码儿
ai > ar	小孩儿	壶盖儿	鞋带儿
an > ar	老伴儿	门槛儿	腰板儿
ang > ar	药方儿	帮忙儿	小筐儿
ia > iar	豆芽儿	纸匣儿	小丫儿
ian > iar	一点儿	聊天儿	心眼儿
iang > iar	鼻梁儿	看样儿	唱腔儿
ua > uar	大褂儿	梅花儿	香瓜儿
uai > uar	一块儿	一团儿	一船儿
uan > uar	好玩儿	撒欢儿	猪倌儿
uang > uar	相框儿	蛋黄儿	竹筐儿
üan > uar	烟卷儿	杂院儿	绕远儿
ei > er	倍儿棒	小被儿	椅子背儿

en > er	大婶儿	嗓门儿	压根儿
eng > er	八成儿	板凳儿	麻绳儿
ie > ier	小街儿	一些儿	半截儿
üe > üer	木橛儿	锅贴儿	小爷儿
uei > uer	一会儿	洋味儿	跑腿儿
uen > uer	光棍儿	三轮儿	打盹儿
i > i：er	玩意儿	没气儿	小妮儿
in > i：er	一个劲儿	脚印儿	树枝儿
ing > i：er	明儿	玲儿	电影儿
ü > ü：er	蛐蛐儿	金鱼儿	小曲儿
ün > ü：er	花裙儿		
—i（前） > er	花籽儿	毛刺儿	石头子儿
—i（后） > er	侄儿	没事儿	年三十儿
e > er	自个儿	模特儿	下巴颏儿
u > ur	煤核儿	纹路儿	指头肚儿
ong > or	没空儿	闹钟儿	萤火虫儿
iong > ior	小熊儿	扑通儿	
ao > aor	看招儿	半道儿	符号儿
iao > iaor	面条儿	豆角儿	麦苗儿
ou > our	小兜儿	年头儿	高手儿

iou > iour	一溜儿	蜗牛儿	打球儿
uo > uor	大伙儿	蝈蝈儿	土坡儿

儿化韵段子练习

八达岭下一山村儿，这个山村儿名叫向阳屯儿，向阳屯儿有位张大婶儿，她家小屋紧靠着大山根儿。

这一天儿，天傍黑儿，广播喇叭传喜讯儿：乡亲们请注意，报告大家一个好消息儿，驻南口的人民子弟兵，为了帮咱们修水利，派来了十名战士，整整的一班人儿。

广播喇叭传喜讯儿，喜讯传遍了向阳屯儿。张大婶回家叫老伴儿："快打开咱家西边的门儿，炕上铺上一领新炕席儿，腾出咱的新屋来让给亲人儿。"

陈班长带队进了门儿，老两口儿乐的满脸堆笑纹儿："同志们，快请屋里坐，我们老两口儿都是直脾气儿，从来不会客气词儿，进了家门儿没外人儿，缺啥只管讲一声儿，锅和碗儿，瓢和盆儿，水缸在树边紧靠门儿。烧柴禾，也现成儿，秫秸、劈柴、柳树枝儿，院里堆着有几百斤儿。"

鸡叫三声咯儿咯儿咯儿，陈班长带队出了村儿，屋里头留下李小根儿。炊事员李小根儿，挽挽袖口系围裙儿，淘大米半盆子儿，小白菜儿剁了根儿，高碑店儿带来的豆腐丝儿，院儿里拖了捆儿柳树枝儿，一过秤，五十斤儿，一切准备的差不离儿，划根儿火柴点着了灶火门儿。

第四节 语气词"啊"的变化

"啊"是一个表达语气感情的基本声音，在生活中用的很多，而且读音也比较不规范，下面谈谈它的读音规律。

“啊”字可作叹词用，也可以作助词用。做叹词用的有阴平、阳平、上声和去声四种不同的调值，但韵母不变。

例如：ā　啊！　你夺冠军啦！　（表示高兴）

　　　á　啊？　你说什么？　（表示追问）

　　　ǎ　啊？　我做错了什么？　（表示惊疑）

　　　à　啊！　春天终于来到了。（表示喜悦）

以上四种读法，只要按照不同的声调，就是后面不跟随补充的语句，听者也能明白说者的意图。由此可见“啊”字声调的变化和说话人思想感情的变化有着密切的联系。

“啊”字作助词用时常出现在句尾，它的读音随着前面音节韵母的不同而有所变化。因此，语音工作者如不了解“啊”的字音变化规律，看见“啊”就一律读成“ɑ”，是令人很遗憾的事情。

“啊”字作助词出现在句尾时，有以下六种变化：

1. 前一音节收尾音素是 ɑ、o（ɑo、iɑo 除外）e、ê、i、ü 时，“啊”读作 yɑ。

例如：快抓啊　别挂啊　推谁啊

　　　好乖啊　真帅啊　大雪啊

2. 前一音节收尾音素是 u 时(包括 ɑo、iɑo)“啊”读作 wɑ。

例如：进屋啊　带头啊　打鼓啊

　　　没有啊　好高啊　跳舞啊

3. 前一音节收尾音素是 n 时，“啊”读作 nɑ。

例如：上班啊　真甜啊　往前啊

　　　没完啊　心乱啊　不安啊

4. 前一音节收尾音素是 ng 时，“啊”读作 ngɑ。

例如：不行啊　开窗啊　上当啊

　　　长江啊　点灯啊　快扔啊

5. 前一音节收尾音素是—i（舌尖后元音）、r 和 er（包括儿韵化）时，“啊”读作 ra。

例如：别冒失啊　好同志啊

快点吃啊　你是老师啊

6. 前一音节收尾音素是—i（舌尖前元音）时，“啊”读作 za。

例如：别撕啊　　自私啊　　老四啊　　几次啊

以上规律，看似复杂，其实并不用死记硬背，只要留心注意，“啊”的音变规律基本上是在前一音节的归韵过程中顺势产生的。

“啊”字变音练习

鸡啊、鸭啊、猫啊、狗啊一块水里游啊。

牛啊、羊啊、马啊、骡啊一块进鸡窝啊。

狼啊、虫啊、虎啊、豹啊一块街上跑啊。

兔啊、鹿啊、鼠啊、孩啊一块上窗台啊。

（还可以用人的姓名和所有动物、植物的名称进行“啊”的音变练习。）

思考题

1. 举例说明汉语普通话中五种变调的规律。

2. 说出轻声的语音特性和音节调值的两种形式。

3. 举例说明儿化韵音变规则和功能。

4. “啊”作为助词出现在词尾时六种变化的根据是什么？

第二部分

歌唱语言的特点和规律

第一部分论述了汉语普通话的特点和规律，只要潜心钻研，反复练习，说准确每一个字，每一句话并不是一件难事。但“说”并不等于“唱”，说的动听的人未必能唱的动听。清代李渔在《闲情偶寄》的《字忌模糊篇》中说道：“学唱之人，勿论巧拙，只看有口无口；唱曲之人，慢讲精粗，先问有字无字。字从口出，有字即有口；如出口不分明，有字若无字，是说话有口，唱曲无口，与哑人何异哉？”从这段话中，我们可以清楚地看到，说话的语言与唱歌的语言是有很大的区别。因为口语本身虽然有声、调、韵的变化，但并不等于歌唱旋律的变化；口语本身虽然也有内含的节奏，但这种节奏也不能与歌曲旋律的节拍画等号；口语虽然也要求气息的控制和腔体的共鸣，但与歌唱的气息要求和三个腔体的联合共鸣有着很大的差异。因为歌唱不仅受语言特点和规律的影响，还必须受旋律和节拍的制约。因此说：说准确每一个字，每一句话，只是为唱好每一个字，每一句话奠定了基础。要想很好的在歌唱中运用和表达语言，做到“字正腔圆，声情并茂”，还必须掌握歌唱语言的特点和规律。这是充分发挥语言在歌唱艺术中的创造功能与作用，提高歌唱艺术表现力的重要因素与基础。

第八章　歌唱语言与口语、朗诵的关系

语言是人类社会中人们进行社会交往、表达思想感情的重要手段之一。日常生活中的语言交流，称之为“口语”。舞台上的语言交流称之为“朗诵”，而配以旋律的歌词并通过人声演唱的方称之为“歌唱语言”（包括戏曲曲艺中的唱腔部分）。歌唱语言是音乐化的语言。它通过音乐的造型手段使语言音乐化，更富于音乐的旋律节奏感与歌唱性。它以有声语言作为音乐创造与表现基础，通过语言的不同组合规律与曲式手法，使歌唱语言展示出千变万化的声音色彩与语势，并以它特有的旋律美进一步展示歌唱语言特有的艺术魅力。

歌唱语言虽然以“口语”作为创作基础，但它所依据的不仅仅是一般的“口语”。具体地说，歌唱语言必须是具有文学性的韵文形式的歌词。歌词除了具有文学语言特有的准确、鲜明、生动的特征之外，还必须以富有韵律节奏感的韵文形式来表现。它的句式结构变化必须富于节奏感；它的平仄押韵规律必须具有旋律性；它的语势要求表现出口语化色彩，便于在演唱中琅琅上口，富于歌唱性；同时在最短的时空内让听众易懂，从而产生共鸣。

歌唱语言绝不等于歌词，因为歌词仅仅是文学性的书面语言。只有经过作曲家创作之后，通过人声唱出来的具有有声形态的方可称之为歌唱语言。那么口语、朗诵与歌唱语言三者之间的相互作用和关系又是怎样的呢？

第一节　发声原理、感情表述和语言运用上有共同之处

口语、朗诵、歌唱都离不开语言的表述，都要借助于声音来表达思想感情，因而都离不开发声器官的运用，所以说发声原理基本相同。

人的喜、怒、哀、乐、情绪的变化，是通过语气、语势、语调的变化来表述的。在日常生活中，人们进行交谈时，经常是绘声绘色，这是因为人们在述说和表达自己心愿时，脑海里有一定的形象和鲜明的目的性，所谓“言为心声”，就是这个意思。而朗诵和歌唱语言，则更为集中、概括、形象、精确地表达一个主题或抒发某种感情。只要认真地分析理解作品的内涵和外延，准确地用声音来表现作品，就会生动、形象地表达词意、语意，感人至深。所以说，口语、朗诵、歌唱语言在感情表达上有共同之处。

另外，口语、朗诵和歌唱语言，在语言运用上有共同之处：

1. 轻声、重音

声音的轻和重是相对而言的，没有轻声也就无所谓重音，语句中的轻声和重音，是通过对比显示出来的。语言的节奏和语音轻重的排列有关。如果一句话里没有轻重的变化，就会失去语言的节奏，变成一个字一个字地蹦出来，听起来很不自然，语言本身的美也就消失了。更重要的是，由于语词的轻重不鲜明，会引起语意含混不清，不能准确地表达说话者的真正意图，因而失去了语言作为传达思想感情这一工具的意义。（以下词组下面加·表示重读，△表示中读，○表示轻读。）

例如：过年是指过新年，而过年则是指明年的意思。

一般说来，轻声有以下规律：

①助词　　　例如：得了　行吗　来呀　记得　坐吧

②词尾　　　例如：舌头　咱们　瓶子　人家

③陪衬性的词例如：月亮　云彩　耳朵

④方位词　　例如：东边　房上　地下　院里

⑤代名词　　例如：请我唱　让你吃　叫他来

⑥重叠名词　例如：姥姥　姐姐　猩猩

⑦重叠动词　例如：试试　挪挪　瞧瞧

⑧双音词　　例如：麻烦　头发　规矩

⑨并列结构的词，有两种情况：

a. 轻重对立，如果把后面的音节重读或轻读，意义就发生变化。例如：

买卖，指做生意；买卖，指你买我卖。

东西，指一物品；东西，指方向。

b. 虽然属于并列结构的词，但后一音节永远轻读，没有轻重对立的现象。例如：

眼睛、新鲜、衣裳、软和

⑩单纯词　　例如：萝卜　　葡萄　　玫瑰

所谓重音，就是一句话中最清楚，最响亮的词或词组，这个重读的语词便是这句话意义的主体，其他那些非重读的语词都是附体。只有把语句中的主体读的响亮突出，附体才相应的清楚明晰，全句的意义才会表达的完整。

重音可分做词的重音和语句重音两类，语句重音又分做“一般重音”和“逻辑重音”。

①词的重音

词的重音表现在整个音节上，是固定的，基本的。单就轻重程度来说，可分为“重”、“中”、“轻”三个等级。二字词有前重的，属于“重轻”格式；有后重的，属于“中重”格式。例如：

重轻：棉花、石头、豆腐、地下

中重：电灯、白糖、大碗、学校

三字词的轻重格式只有“中轻重”一种。例如：

电视机，火车头，展览馆，苹果树

四字词的基本格式是“中轻中重”。例如：

自力更生，奋发图强，多快好省，艰苦奋斗

②语句重音

我们说话、朗诵、歌唱，每句话都有一个中心意思，要想把语句的中心意思表达清楚，语句里的语词读音就必须有轻有重，这样才能使人抓住语义重点。因此，要根据句子内容的需要和词在句子中的地位，来决定语句重音的位置和轻重的程度。

语句重音分“一般重音”和“逻辑重音”。

① 一般重音

这种重音不带特殊的感情色彩，由它造成语句的自然节奏，是由语句本身所决定的，是约定俗成的规律，并不因说话人的不同而转移。所以“一般重音”的位置是固定的，这种重音不是读的很重，只不过比本句的其他语词略重而已。要是读的过重，将改变说话人的情绪和态度，也就不称之为“一般重音”了。

“一般重音”和语法有一定的关系。因为语法结构是由语音的逻辑来决定的，所以重音的规律在语法上表现在一定的位置上，因此也称它为“语法重音”。

根据语法结构来讲，什么地方应该重读呢？

a. 谓语部分重读，例如：

我是中国人。

他说的是普通话。

b. 动词、形容词前的状语常要重读，例如：

我每天练声。　他唱的真好。

c. 动词、形容词后面的补语重读，例如：

他跑的快。　我比他高半头。

d. 名词前的定语常要重读。例如：

他已经完成今天的作业。

这是新出版的书。

e. 疑问代词和指示代词常要重读。例如：

谁在说话？　这首歌好听。

②逻辑重音

“逻辑重音”也称“强调重音”其作用在于突出语言的目的。可以根据语言环境的不同，鲜明地表示出说话人的意图和态度。用对比、夸张、肯定等手段，更有力地显示语言在表意上的功能。“逻辑重音”的强度比“一般重音”强得多，而且时值也长得多。逻辑重音的位置没有一定的规律，它可以落在“一般重音”上，把“一般重音”加重加长；也可以落在非“一般重音”上，把另外的语词加重加长。“逻辑重音”位置的确定不仅和本句有关，更重要的是上下句的联系。所以，分析“逻辑重音”，要特别注意语言的逻辑性和语句中含有特殊意义的语词。同样一句话，由于目的不同，着重点不同，“逻辑重音”的位置也就不同。

例一：可我要是不要呢？

这句话的重音如果放在“要”字上，而且用一般平静的语气说出来，说成“可我要是不要呢？”表示这个问题从内心有些踌躇，考虑不要的后果。这样的重音属于“一般重音”。如果重音放在“不要”上，而且“不”字的时值加长了，说成“可我要是不ξ要呢？”（注意：ξ表示读音延长）则表示偏重不要。对不要的后果作了深一层次的考虑，并且从感情色彩上带有夸张之意，这样的重音属于“逻辑重音”。如果把重音放在“要”和“不要”两个语词上，说成“可我要是不要呢？”则表示是一件难处理的事，“要”或“不要”都不好办。这种说法也属于“逻辑重音”的范畴。由此可见，“逻辑重音”可以落在“一般重音”上，也可以落在其他语词上，但不管落在哪，从声音的轻重长短上来说，“逻辑重音”都要比“一般重音”重而时值长，这是两种重音的最大区别。

例二：我想不起来了。

同样这句话，重音位置和轻重程度不同，意思就有了质的变化。用“一般重音”的表现方法，说出“我想不起来了”。则表示日子太久，回忆不起来了。如果把“想”字加重加长，说成“我想ξ不起来了”，则具有特殊含义，表示不高兴而肯定的意思。言外之意是说：你不要再让我想了，我肯定想不起来了。这是“逻辑重音”的表现方法，要是把重音放在“不”上，说成“我想不了起来了”，则意思完全变了，表示不愿意马上起床，想多睡一会儿。

轻读、重读在歌唱语言中同样重要。一般说来，名词、动词、形容词、副词、数词、代词等应重唱。而连词、介词、助词，语气词等应轻唱。例如：《玛依拉》歌曲“来往人们挤在我的屋檐底下”一句中，“来往”(动词起形容词作用),“人”(名词),“挤”(动词),“屋檐底下”(名词)应重唱,而“们”(名词词尾表示复数),“在”(介词),“我的”(人称代词所有格)应轻唱。这样才会表现出作品的内涵和思想感情。

又如:《黑孩子赛琳娜》中“七岁的孩子无辜遭残杀!”一句，若将“七岁”，“孩子”，“无辜遭残杀!”全部重唱，就表现不出对幼小的黑孩子赛琳娜的同情和对种族歧视者的仇恨。如将“七岁”“遭残杀”加重语气，但又控制住音量用内心的感情来唱的话，将会更加激起听众对种族歧视者的仇恨，更能突出作品的内涵。

再如:《姑娘生来爱唱歌》中“人人说我是布谷鸟”一句，“人”和“说”是名词和动词，本应重唱，但若用轻唱，反而会更委婉生动的体现出：人们对会唱歌姑娘的热爱和姑娘本身天真得意的神态，这里重音轻唱反而更加巧妙含蓄、耐人寻味。

所以说，重音的读法和唱法不一定只用加强音量的方式来表现，适当的控制或减轻音量反会起到“此处无声胜有声”的更佳效果。这就需要我们在深刻分析，理解作品后，根据旋律线条和歌词内涵的需要，灵活的运用轻声，重音的一般规律，将声母咬紧阻气，适当延长字头的时值，将声母向韵母过度的时值稍微拉长，使韵母吐的更加有力、清晰，更富于感染力。

总之，轻声和重音处理得当，不但更能突出表现作品的内涵和感情，而且还能增强歌唱语言的抑扬顿挫和旋律的感染力，起到口语和朗诵所起不到的艺术效果。

2. 停顿、换气

停顿是有声语言的间歇，不论口语、朗诵，还是歌唱，都不可能一气呵成。在一段话中，句与句、节与节之间，为了强调某种语意或表示某种特殊的感情色彩，无论是心理上还是生理上都需要间歇。它的作用除了换气外，是为了给听者有理解、分析、说话内容的时间。

语言的停顿要服从语意的转变，而不是单纯的服从生理需要，语意转变大，停顿的时间长，语意转变小，停顿的时间短。不论是口语、朗诵，还是歌唱语言，都可以从语音的停顿、逻辑的停顿、心理的停顿这三个方面着眼，虽然是三个方面，但却是有机地联系着的。语音停顿和逻辑停顿，在口语和朗诵中基本上是一致的，多与语法结构有关，常以标点符号为依据，但又不完全受标点符号和语法结构的制约。歌唱语言除了运用好语音停顿和逻辑停顿，还必须学会运用心理停顿。这三种停顿在语言表现的功能上有所不同。语音停顿和逻辑停顿主要是为语言表达的精确性服务，而心理停顿则是为内在的感情服务的。

任何的停顿都必须代表一定的意义，没有意义的停顿是不应该出现的。因此在歌唱语言中，为了引起听众的注意力和加强语言的分量，或者为了表现特殊的人物性格，在口语和朗诵停顿的基础上，把停顿适当夸张是完全必要的。例如：歌曲《走进新时代》中最后一句“开创未来”，在口语和朗诵中完全可以不做停顿，而在歌唱时“开创”后做一较大停顿，会产生将全曲推向最高潮，唱出中国人民有能力，有信心把握命运、把握未来的必胜信念，从而产生强烈的艺术效果。

又如《松花江上》中“还有那衰老的爹娘”一句，本可不做停顿，但为了渲染流亡青年对沦陷区白发父母的惦念和深切的思恋之情，在“还有那”后面做一个停顿则更能表现出作品的深刻含义，同时也更能打动听众的心，唤起听众的强烈共鸣。

再如《黄河怨》中“今晚，我在你的面前，哭诉我的愁和冤”一句，在“哭诉我的”后面稍做停顿，则更能准确地表现出一个被残害、被凌辱的中国妇女，对日本侵略者的深仇大恨和人物本身错综复杂的内心世界。

停顿和换气是紧密相连的。一般来说，停顿的地方就可以换气，换气与停顿一样是一种艺术，也是语言表现的手段之一。换气既要在较短的时间内吸入足够下段语言所用的气息，又不能让听众发现和听见换气的动作和声音，还要保持语言的自然、连贯。所以说换气运用得当是取得成功的保证，在书面语言有标点符号的地方都可以换气，这时换气和停顿是一致的，容易掌握的。但由于歌唱语言不仅受语言完整性和流畅性的制约，同时还要兼顾旋律和节拍的约束，有时还要为了保证语意和旋律的线条做到断声不断气，这就需要掌握“偷气”的技巧。“偷气”是指在没有停顿时间的情况下进行的一种换气技巧。在那种句与句或词与词之间没有“气口儿”，而生理上无法一气呵成时则需要“偷气”。但“偷气”绝不能随心所欲，不加选择的任意去“偷”。一般来说应该在句与句或词与词的缝隙中或旋律的符点、切分处，或结合感情的变化来“偷气”，但绝不能影响语气的完整性或破坏语法及旋律的结构。

3. 节奏

语言的节奏总是与思想感情密切相连的。我们将由事物激起内心感情的强度称为节奏，而将语言的快慢称为速度。节奏与速度大多是统一的，如沉重、悲痛、忧伤的感情，其节奏和速度比较缓慢；而欢快、兴奋、激昂的情绪，其节奏与速度较为明快。歌唱语言虽然受旋律和节拍的限制，但语言内在的速度绝不能忽视。

第二节　气息运用和发声状态的不同之处

上一节讲述了歌唱语言与朗诵，口语在发声原理、感情表述和语言运用上的共同之处。但口语和朗诵毕竟不同于歌唱。口语的发声由于交流双方距离较近，不需要太大的音量，因而气息运用的少而浅。共鸣多局限在口咽腔，行腔吐字也不需要格外修饰，显得随和自如。而朗诵与歌唱随着交流双方距离的拉远，交流方式的改变，必须增强共鸣，扩大音量，提高声音的位置，用深而足够的气息把每一个字或词，清晰、圆润、准确地送到观众的耳朵里。所以说，朗诵与歌唱的语言是在口语基础上的加工和提高。这三者相比，朗诵是放大音量的讲话，其发声状态介于口语与歌唱之间，是从口语到歌唱的桥梁。良好的朗诵习惯，对提高歌唱水平是很有益处的。我国传统戏曲、曲艺在训练声音时强调念白的训练，“以字带声”，“声字结合”，“千斤话白四两唱”确实是一套行之有效的训练方法。其实，重视朗诵与歌唱相结合的练声方法，不仅在我国戏曲、曲艺界盛行，像意大利、法国这些西洋传统唱法很发达的国家，在进行声乐训练的同时也是紧密结合朗诵歌词来进行的。歌唱要练声，朗诵也要练声，歌唱的练声在一定程度上还必须建立在朗诵的练声基础上。这不仅因为要相辅相成的共同创造声腔美，而且在发声造型上也存在着相互依存的关系。

尽管朗诵对歌唱有促进作用，但朗诵毕竟取代不了歌唱。因为朗诵的语言虽然有声、韵、调的高低之别，但它并不等同旋律的变化。语言虽然本身内含着速度，但速度与节奏、节拍绝不是同一概念。朗诵时一个字最多拖几秒钟，而歌唱的语言有时一个字要唱十几秒甚至二十几秒钟，而且还有纷繁复杂的音的高低、长短、强弱的变化。朗诵也需要一定的音域和音量，但歌唱时的音域、音量明显的比朗诵要宽广、洪亮。因此说，朗诵和歌唱是同一发声器官发出的两种不同形态的声音，两者间的主要区别在于：

1. 呼吸方法和气息运用的不同

首先，朗诵和歌唱在呼吸方法和气息运用上有明显的差异。歌唱时由于旋律、节拍、音高的制约，需要吸入深而多的气息，并让气息保持一定的对抗力度和延续度，因此，采用的是一种特殊的呼吸方法（目前被公认为较先进的呼吸方法是胸腹式呼吸法，而笔者认为，腰腹式呼吸法，比胸腹式呼吸法在提法上更科学、准确，更易于理解和便于掌握。关于呼吸法，后面章节将专门论述）。朗诵的换气相对的比较自由，而歌唱必须根据旋律、节拍和感情表达的需要，有计划、有控制的换气，以适应乐句舒展连贯和声音的圆润和谐的要求。

2. 发声状态上的不同

人的发声体——声带在发出不同音高时，它的颤动频率有明显的差异。朗诵时虽然也有音的高低长短、强弱的变化，但基本上是在一个8度之内。而歌唱的音高变化大多在二个8度，甚至三个8度之内，音高变化较小，声带振动频率的变化也较小，音高变化较大，声带振动频率的变化也较大。在音量方面，朗诵一般变化不大，而歌唱时音量起伏波动较大。

同时，在声音共鸣上，也存着不同。朗诵在自然的说话基础上稍加修饰和调整就可以了。而歌唱则是语言的旋律化、美化，共鸣是丰富音色的重要声音造型手段。美好的共鸣是扩展音域、扩大音量、展现歌唱艺术表现力的关键。它要求基音在气息的带动下，通过骨骼和肌肉的强迫振动，充分利用头腔、口咽腔、胸腔这三大共鸣体，形成音色统一的联合共鸣效果。

3. 咬字、吐字、归韵、收声的不同

朗诵时咬字、吐字、归韵、收声一般由于语流较快，字与字之间没有太多的空隙，听不出来有明显的夸张变化。而歌唱时由于音量的增大和音域的扩展，必须增强声母成阻，持阻的力度和除阻时的弹性。同时随着旋律的变化，韵母往往要拖腔拉音，一个韵母同时会有许多音高和节奏的变化。还要充分发挥韵母丰满、延续的共鸣作用，并准确地归韵收声。所以，每个字的头、腹、尾或每个音节的各个音素都要交代的很清楚，并完全归在同一个共鸣点上。

最后，朗诵一般是有感而发的经过修饰的自然发声，而歌唱则是需要经过有意识的体验创造的非自然发声。朗诵的持久性和停顿可以不受时间的约束，但歌唱则必须受旋律和节拍的约束，不能随意停顿，更不能唱一半就不唱下去了。所以说，朗诵取代不了歌唱，歌唱必须顾及到声音美感的一切因素。

第三节　朗诵练习选读

为了使朗诵更好地为歌唱语言服务，本节特选编了一些不同体裁的朗诵资料，读者可参照朗诵规则，通过朗诵为歌唱语言打好基础，以利于更加充分地表现歌唱语言的艺术感染力。

一、诗 歌

忆秦娥·娄山关

——毛泽东

西风烈，
长空雁叫霜晨月。
霜晨月
马蹄声碎，
喇叭声咽。
雄关漫道真如铁，
而今迈步从头越。
从头越，
苍山如海，
残阳如血。

卜算子·咏梅

——毛泽东

读陆游咏梅词
反其意而用之

风雨送春归，
飞雪迎春到。
已是悬崖百丈冰，
犹有花枝俏。
俏也不争春，
只把春来报。
待到山花烂熳时，
她在丛中笑。

大江歌罢掉头东

——周恩来

大江歌罢掉头东，
邃密群科济世穷。
面壁十年图破壁，
难酬蹈海亦英雄。

死人的享福

——周恩来

西北风呼呼响，
冬天到了。
出门雇辆人力车，
车夫身上空穿件棉袍，

我身上也穿件棉袍。
我穿着嫌冷，
他穿着却嫌累赘，
脱下来放在我的脚上。
我感谢他爱我，
他谢谢我助他便他。
共同生活？
活人的劳动，
死人享福！

八十书怀

——叶剑英

八十毋劳论废兴，
长征接力有来人。
导师创业垂千古，
侪辈跟随愧望尘。
亿万愚公齐破立，
五洲权霸共沉沦。
老夫喜作黄昏颂，
满目青山夕照明。

赠缅甸友人

——陈　毅

我住江之头，
君住江之尾。
彼此情无限，
共饮一江水。

我吸川上流，
君喝川下水。
川流永不息，
彼此共甘美。

彼此为近邻，
友谊长积累。
不老如青山，
不断似流水。

彼此地相连，
依山复靠水。
反帝得自由，
和平同一轨。

彼此是胞波，
语言多同汇。
团结而互助，
和平力量伟。

临水叹浩淼，
登山歌石磊。
山山皆北向，
条条南流水。

囚 歌

——叶 挺

为人进出的门紧锁着，
为狗爬出的洞敞开着。
一个声音高叫着：
——爬出来吧，
给你自由！

我渴望自由，
但我深深地知道——
人的身躯怎能从狗洞
子里爬出！

我希望有一天，
地下的烈火，
将我连这活棺材
一齐烧掉，
我应该在烈火与热血中
得到永生！

我的"自白"书

——陈 然

任脚下响着沉重的铁镣，
任你把皮鞭举得高高，
我不需要什么自白，
哪怕胸口对着带血的
刺刀！
人，不能低下高贵的头，
只有怕死鬼才乞求
"自由"，
毒刑拷打算得了什么？
死亡也无法叫我开口！

对着死亡我放声大笑，
魔鬼的宫殿在笑声中
动摇；
这就是我——一个共产
党员的自白，
高唱凯歌埋葬蒋家王朝。

无 题

——鲁 迅

惯于长夜过春时，
挈妇将雏有鬓丝。
梦里依稀慈母泪，
城头变幻大王旗。
忍看朋辈成新鬼，
怒向刀丛觅小诗。
吟罢低眉无写处，
月光如水照缁衣。

自　嘲

——鲁　迅

运交华盖欲何求，
未敢翻身已碰头。
破帽遮颜过闹市，
漏船载酒泛中流。
横眉冷对千夫指，
俯首甘为孺子牛。
躲进小楼成一统，
管他冬夏与春秋。

无　题

——鲁　迅

万家墨面没蒿莱，
敢有歌吟动地哀。
心事浩茫连广宇，
于无声处听惊雷。

有的人

——臧克家

有的人活着，
他已经死了。
有的人死了，
他还活着。
有的人骑在人民头上，
“啊，我多伟大！”
有的人，
俯下身子给人民当牛马。
有的人，
把名字刻在石头上想
“不朽”；
有的人，
情愿做野草，
等着地下的火烧。
有的人，
他活着，
别人就不能活了；
有的人，
他活着，
为了多数人更好地活。
骑在人民头上的，
人民把他摔倒；
给人民当牛马的，
人民永远记住他！
把名字刻在石头上的，
名字比尸首烂的更早！
只要春风吹到的地方，
到处是青青的野草。
他活着
别人就不能活的人，
他的下场可以看到；

他活着
为了多数人更好地
活着的人，
人民把他举得很高，
很高。

团泊洼的秋天

（节选）

——郭小川

战士自有战士的性格：
不怕污蔑，不怕恫吓；
一切无情的打击，
只会使人的腰杆挺直，
青春焕发。

战士自有战士的抱负：
永远改造，从零出发；
一切可耻的衰退，
只能使人视若仇敌，
踏成泥沙。

战士自有战士的胆识：
不信流言，不受欺诈；
一切无稽的罪名，
只会使人神志清醒，
大脑发达。

战士自有战士的爱情：
忠贞不渝，新美如画；
一切额外的贪欲，
只能使人感到厌烦，
感到肉麻。

战士的歌声，可以休止一时，
却永远不会沙哑；
战士的眼睛，可以关闭一时，
却永远不会昏瞎。

历史的尊严

——艾 青

一

好大的风啊，
不知从哪儿来，
刮得江河倒流，
刮得山岳崩裂。

这是什么武器，
能使天地昏暗，
能使星星殒坠，
能使神志昏迷。

简直不可思议，
生命竟脆弱到了，
只要薄薄一张纸，
就可以把谁打翻在地。

不知犯的什么罪，
得罪了什么神明，
闹得天摇地震，
整个神州乌烟瘴气。

大雨下的是脏水，
大风刮的是乱棍，
房上的瓦片飞舞，
门窗的玻璃粉碎。

二

好像美杜莎的眼睛，
朝向谁谁就断了气，
连最聪明的也成了白痴，
张着嘴却发不出声音。

成千成万的人，
都成了“小丑”，
帽子，黑牌子，
走路低着头。

那些岁月，
像一台“绞肉机”，
好的、坏的、肥的、瘦的，
都绞烂在一起。

玩多米诺骨牌，
一倒就是一大片，
一个人有“罪”，
亲戚朋友受株连。

枪杆子、笔杆子，
双管齐下，“文攻武卫”，
“三忠于”，“四无限”，
严冬腊月风雪天。

造谣诽谤、栽赃诬陷，
像泥石流滚滚向前，
把人活活地压死，
连尸首也找不见。

剩下流氓加骗子，
还有野鸡和阿飞，
跳的“忠”字舞，
唱的“样板戏”。

三

你到哪里去，
你关在哪里，
活着不是死，

你死在哪里。

时间越久越清楚，
这是一场大冤狱，
但是谁也不敢说，
谁说就连在一起。

亿万人民为你抱不平，
如今已经过了十四年，
最先打倒的最后平反，
却不知道往哪里送花圈。

真是一场大悲剧，
真是一场大闹剧，
换来四个大字，
“一场浩劫”！

周总理，你在哪里？

——柯　岩

周总理，我们的好总理，
你在哪里啊，你在哪里？
你可知道我们想念你，
——你的人民想念你！

我们对着高山喊：
周总理——
山谷回音：
“他刚离去，他刚离去，
革命征途千万里，
他步步紧跟毛主席！”
我们对着大地喊：
周总理——
大地轰鸣：
“他刚离去，他刚离去，
你不见那沉甸甸的谷穗上，
还闪着辛勤的汗滴……”
我们对着森林喊：
周总理——
松涛阵阵：
“他刚离去，他刚离去，
宿营地上篝火红啊，
伐木工人正在回忆
他亲切的笑语。”
我们对着大海喊：
周总理——
海浪声声：
“他刚离去，他刚离去，
你不见海防战士的身上，
他亲手给披的大衣。”
我们找遍整个世界，
啊，周总理
你在革命需要的
每一个地方，

辽阔大地，
到处是你深深的足迹。
我们回到祖国的心脏，
我们在天安门前
深情地呼唤，
周总理——
广场回音：
“啊，轻些呀，轻些，
他正在中南海接见外宾，他正在政治局出席会议……”
总理啊，我们的好总理！
你就在这里啊，就在这里！
——在这里，在这里，
　　在这里……
你永远和我们在一起，
——在一起，在一起，
　　在一起……

你永远居住在红太阳
升起的地方，
你永远居住在人民心里。
你的人民世世代代
想念你！
想念你啊，想念你，
——想——念——你
……

你，浪花里的一滴水

——魏钢焰

在这里，
我要唱一个人，
他不是将军，
却立下了无数功勋；
他不是文豪，
却写下了不朽的诗文；
他是如此平凡，
　　如此年青，
像一滴小小的春雨，
却渗透了亿万人的心！
为什么啊，为什么？
八亿人民的心里，
都念着这个，
二十二岁士兵的姓名。

他啊，
是一滴水，
却能够反映整个
太阳的光辉！
他啊，
是刚展翅的鸟，
却能够一心向着党飞！
他啊，

是才点亮的灯，
只不过，
每一分光，都没浪费！
他啊，
是刚敲响的鼓，
却能把每一声都化成雷！

啊，雷锋！
你不为自己编歌曲，
你不为自己织罗衣，
你不为自己梳羽毛，
你不为个人流一滴泪。
啊，雷锋！
你，《国际歌》中的一个
音符，
你，红旗上的一根纤维，
你，花丛中的红花一瓣，
你，浪花里的一滴水！
青春！
永生！
壮丽！
看列兵雷锋啊！
一步一个脚印，
一步一支歌曲，
直响透
未来的无穷世纪！

跳蚤之歌

——歌德〔德国〕

从前有一个国王，
他养了一个跳蚤。
国王待他很周到，
比对亲人还要好。
国王召来了裁缝：
“你听我说，奴才！
给我的这个朋友，
缝一件大龙袍！”
哈哈，跳蚤的龙袍？

跳蚤穿上了龙袍，
浑身发亮闪金光，
宫廷内外上下钻，
得意非凡把形忘。
国王封他做宰相，
还要给他挂勋章。
就连跳蚤的亲友们，
一个个都沾了光。
哈哈，都沾了光。

皇后、嫔妃和官僚，
无一不受他骚扰。
浑身咬得痛又痒，
人人都喊受不了。

没人敢去碰碰他，
更不敢去把他打。
可他若胆敢再放肆，
就一下子捏死他。
哈哈哈，捏死他。

罗列莱

——海涅〔德国〕

也不知为什么原因，
我心中总觉悲伤。
有一个古老的传说，
它使我不能遗忘。
晚风清凉，
暮色苍茫，
莱茵河静静地流淌，
河岸上有一座悬崖，
崖顶上辉映着夕阳。

有一个美丽的少女，
出现在悬崖顶上，
她梳着金色的头发，
全身都闪闪发光。
她一面梳妆，
一面歌唱。
歌声是那样婉转悠扬，
谁听了都会神往。
这歌声多么悦耳动听，
打动了小舟水手，
使他们忘记了狰狞岩石，
一心只望着山上的姑娘。
转眼间滚滚的波浪，
把船儿深深地埋葬。
而罗列莱的歌声，
却还在空中回荡。

我的歌词

——伊斯拉姆〔孟加拉〕

我的歌词像蔓藤，
没有根，没有花，
只有浓浓的色调。
缠住参天大树攀缘，
贴着大地胸脯蔓延，
我的歌词思念谁？
有何隐衷和激情？
无人知晓！
我的歌词，
有时躺在某人的胸膛，
有时像迸涌的泪珠，
在失恋者眼中流淌。
我的歌词，
有时绕在某人颈项，
有时像音乐之花，
在某人嘴唇上开放。

我的歌词，
有时像有友谊之线，
系住某人的手掌，
有时却呜咽哭泣，
偎在某人的脚旁。
我的歌词，
伴着委婉的曲调吟唱，
像是在低声的倾诉，
深沉而莫名的忧伤。

月下独酌

——李 白

花间一壶酒，
独酌无相亲。
举杯邀明月，
对影成三人。
月既不解饮，
影徒随我身。
暂伴月将影，
行乐须及春。
我歌月徘徊，
我舞影零乱。
醒时同交欢，
醉后各分散。
永结无情缘，
相期邈云汉。

游子吟

——孟 郊

慈母手中线，
游子身上衣。
临行密密缝，
意恐迟迟归。
谁言寸草心，
报得三春晖。

登幽州台歌

——陈子昂

前不见古人，
后不见来者。
念天地之悠悠，
独怆然而涕下。

白雪歌送武判官归京

——岑 参

北风卷地白草折，
胡天八月即飞雪。
忽如一夜春风来，
千树万树梨花开。
散入珠帘湿罗幕，
狐裘不暖锦衾薄。

将军角弓不得控，
都护铁衣冷难着。
瀚海阑干百丈冰，
愁云惨淡万里凝。
中军置酒饮归客，
胡琴琵琶与羌笛。
纷纷暮雪下辕门，
风掣红旗冻不翻。
轮台东门送君去，
去时雪满天山路。
山迴路转不见君，
雪上空留马行处。

古从军行

——李　颀

白日登山望烽火，
黄昏饮马傍交河。
行人刁斗风沙暗，
公主琵琶幽怨多。
野营万里无城郭，
雨雪纷纷连大漠。
胡雁哀鸣夜夜飞，
胡儿眼泪双双落。
闻道玉门犹被遮，
应将性命逐轻车。
年年战骨埋荒外，
空见葡萄入汉家。

将进酒

——李　白

君不见黄河之水天上来，
奔流到海不复回？
君不见高堂明镜悲白发，
朝如青丝暮成雪。
人生得意须尽欢，
莫使金樽空对月。
天生我才必有用，
千金散尽还复来。
烹羊宰牛且为乐，
会须一饮三百杯。
岑夫子，丹邱生，
将进酒，杯莫停。
与君歌一曲，
请君为我倾耳听。
钟鼓馔玉不足贵，
但愿长醉不愿醒。
古来圣贤皆寂寞，
唯有饮者留其名。
陈王昔时宴平乐，
斗酒十千姿欢谑。

主人何为言少钱？
经须沽取对君酌。
五花马，千金裘，
呼儿将出换美酒，
与尔同销万古愁。

破山寺后禅院

——常 健

清晨入古寺，
初日照高林。
曲径通幽处，
禅房花木深。
山光悦鸟性，
潭影空人心。
万籁此皆寂，
唯闻钟磬音。

春 望

——杜 甫

国破山河在，
城春草木深。
感时花溅泪，
恨别鸟惊心。
烽火连三月，
家书抵万金。
白头搔更短，
浑欲不胜簪。

黄鹤楼

——崔 颢

昔人已乘黄鹤去，
此地空余黄鹤楼。
黄鹤一去不复返，
白云千载空悠悠。
晴川历历汉阳树，
芳草萋萋鹦鹉洲。
日暮乡关何处是？
烟波江上使人愁。

登金陵凤凰台

——李 白

凤凰台上凤凰游，
凤去台空江自流。
吴宫花草埋幽径，
晋代衣冠成古丘。
三山半落青天外，
二水中分白鹭洲。
总为浮云能蔽日，
长安不见使人愁。

无　题

——李商隐

相见时难别亦难，
东风无力百花残。
春蚕到死丝方尽，
蜡炬成灰泪始干。
晓镜但愁云鬓改，
夜吟应觉月光寒。
蓬山此去无多路，
青鸟殷勤为探看。

春　晓

——孟浩然

春眠不觉晓，
处处闻啼鸟。
夜来风雨声，
花落知多少。

夜　思

——李　白

床前明月光，
疑是地上霜。
举头望明月，
低头思故乡。

登鹳鹊楼

——王之涣

白日依山尽，
黄河入海流。
欲穷千里目，
更上一层楼。

九月九日忆山东兄弟

——王　维

独在异乡为异客，
每逢佳节倍思亲。
遥知兄弟登高处，
遍插茱萸少一人。

下江陵

——李　白

朝辞白帝彩云间，
千里江陵一日还。
两岸猿声啼不住，
轻舟已过万重山。

凉州词

——王　翰

葡萄美酒夜光杯，
欲饮琵琶马上催。

醉卧沙场君莫笑，
古来征战几人回？

枫桥夜泊

——张 继

月落乌啼霜满天，
江枫渔火对愁眠。
姑苏城外寒山寺，
夜半钟声到客船。

泊秦淮

——杜 牧

烟笼寒水月笼沙，
夜泊秦淮近酒家。
商女不知亡国恨，
隔江犹唱后庭花。

渭城曲

——王 维

渭城朝雨浥轻尘，
客舍青青柳色新。
劝君更尽一杯酒，
西出阳关无故人。

出 塞

——王昌龄

秦时明月汉时关，
万里长征人未还。
但使龙城飞将在，
不教胡马度阴山。

出 塞

——王之涣

黄河远上白云间，
一片孤城万仞山。
羌笛何须怨杨柳，
春风不度玉门关。

相见欢

——李 煜

无言独上西楼，
月如钩，
寂寞梧桐深院锁清秋。

剪不断，理还乱，
是离愁，
别是一般滋味在心头。

虞美人

——李 煜

春花秋月何时了，
往事知多少？
小楼昨夜又东风，
故国不堪回首月明中。

雕栏玉砌应犹在，
只是朱颜改。
问君能有几多愁？
恰似一江春水向东流。

蝶恋花

——冯延巳

庭院深深深几许？
杨柳堆烟，
帘幕无重数。
玉勒雕鞍游冶处，
楼高不见章台路。
雨横风狂三月暮。
门掩黄昏，
无计留春住。
泪眼问花花不语，
乱红飞过秋千去。

念奴娇·赤壁怀古

——苏 轼

大江东去，
浪淘尽千古风流人物。
故垒西边，
人道是三国周郎赤壁。
乱石穿空，
惊涛拍岸，
卷起千堆雪。
江山如画，
一时多少豪杰！

遥想公瑾当年，
小乔初嫁了，
雄姿英发。
羽扇纶巾，
谈笑间樯橹灰飞烟灭。
故国神游，
多情应笑我早生华发。
人生如梦，
一樽还酹江月！

满江红

——岳 飞

怒发冲冠凭栏处，

潇潇雨歇，
抬望眼，
仰天长啸，
壮怀激烈。
三十功名尘与土，
八千里路云和月。
莫等闲白了少年头，
空悲切！

靖康耻，犹未雪，
臣子恨，何时灭？
驾长车，
踏破贺兰山缺。
壮志饥餐胡虏肉，
笑谈渴饮匈奴血。
待从头收拾旧山河，
朝天阙。

游山西村

——陆 游

莫笑农家腊酒浑，
丰年留客足鸡豚。
山重水复疑无路，
柳暗花明又一村。
箫鼓追随春社近，
衣冠简朴古风存。
从今若许闲乘月，
拄杖无时夜叩门。

示 儿

——陆 游

死去元知万事空，
但悲不见九州同。
王师北定中原日，
家祭无忘告乃翁。

钗头凤

——陆 游

红酥手，黄藤酒，
满城春色宫墙柳。
东风恶，欢情薄，
一怀愁绪，几年离索。
错，错，错！
春如旧，人空瘦，
泪痕红浥鲛绡透。
桃花落，闲池阁，
山盟虽在，锦书难托。
莫，莫，莫！

卜算子·咏梅

——陆 游

驿外断桥边，

寂寞开无主。
已是黄昏独自愁，
更著风和雨。

无意苦争春，
一任群芳妒，
零落成泥碾作尘，
只有香如故。

祝酒歌

——郭小川

（林区三唱之一）

三伏天下雨哟，
雷对雷；
朱仙镇交战哟，
锤对锤；
今儿晚上哟，
咱们杯对杯！

舒心的酒，
千杯不醉，
知心的话，
万言不赘；
今儿晚上啊，
咱这是瑞雪丰年
祝捷的会！

酗酒作乐的
是浪荡鬼；
醉酒哭天的
是窝囊废；
饮酒赞前程的
是咱们社会主义新人
这一辈！

财主醉了，
因为心黑；
衙役醉了，
因为受贿；
咱们就是醉了，
也只因为生活的酒
太浓太美！

山中的老虎呀，
美在背；
树上的百灵呀，
美在嘴；
咱们林区的工人啊，
美在内。

斟满酒，
高举杯！
一杯酒，
开心扉；

豪情，美酒，
自古长相随。

祖国是一座花园，
北方就是园中的腊梅；
小兴安岭是一朵花，
森林就是花中的蕊。
花香呀，
沁满咱们的肺。

祖国情呀，
春风一般往这儿吹；
同志爱呀，
河流一般往这儿汇。
党是太阳，
咱是向日葵。

广厦亿万间，
等这儿的木材做门楣；
铁路千百条，
等这儿的枕木铺钢轨。
国家的任务是大旗，
咱是旗下的突击队。

骏马哟，
不用鞭催；
好鼓哟，
不用重槌；
咱们林区工人哟，
知道怎样答对！

且饮酒，
莫停杯！
三杯酒，
三杯欢喜泪；
五杯酒，
豪情胜似长江水。

雪片呀，
恰似群群仙鹤天外归；
松树林呀，
犹如寿星老儿来赴会。
老寿星啊，
白须、白发、白眼眉。

雪花呀，
恰似繁星从天坠；
桦树林呀，
犹如古代兵将守边陲，
好兵将啊，
白旗、白甲、白头盔。

草原上的骏马哟，
最快的是乌骓；

深山里的好汉哟，
最勇的是李逵；
天上地下的英雄啊，
最风流的是咱们这一辈！

目标远，
大步追。
雪上走，
就像云里飞；
人在山，
就像鱼在水。

重活儿，
甜滋味。
锯大树，
就像割麦穗；
扛木头，
就像举酒杯。

一声呼，
千声回；
林荫道上，
机器如乐队；
森林铁路上，
火车似滚雷。

一声令下，
万树来归：
冰雪滑道上，
木材如流水；
贮木场上，
枕木似山堆。

且饮酒，
莫停杯！
七杯酒，
豪情与大雪齐飞；
十杯酒，
红心和朝日同辉！

小兴安岭的山哟，
雷打不碎；
汤旺河的水哟，
百折不回。
林区的工人啊，
专爱在这儿跟困难作对！

一天歇工，
三天累；
三天歇工，
十天不能安生睡；
十天歇工，
简直觉得犯了罪。

要出山，
茶饭没有了味；
快出山，
一时三刻拉不动腿；
出了山，
夜夜梦中回。

旧话说：
当一天的乌龟，
驮一天的石碑。
咱们说：
占三尺地位，
放万丈光辉！

旧话说：
跑一天的腿，
张一天的嘴。
咱们说：
喝三瓢雪水，
放万朵花蕾！

人在山里，
木材走遍东西南北；
身在林中，
志在千山万水。
祖国叫咱怎样答对，
咱就怎样答对！

想昨天：
百炼千锤；
看明朝：
千娇百媚。
谁不想干它百岁！
活它百岁！

舒心的酒，
千杯不醉；
知心的话，
万言不赘。
今儿晚上啊，
咱这是瑞雪丰年
宣誓的会。……

鸡·雀·蛙·鹰

——杨 子

小鸡飞不高，
因为它对幸福的理解
是一把谷糠。

麻雀飞不远，
因为它对幸福的理解
是一个小窝。

井蛙看不宽，

因为它惯于坐在井底，
眼睛只有三尺天地。

而鹰却能，
搏击长空，
因为它把万里河山，
装入胸中！
……

海涛·烟囱·夜来香

——杨　子

海　涛

你向岸边的悬崖奋勇猛扑，
每一次结局都是粉身碎骨，
失败之后，
你又重新集结队伍，
那高大的石壁，
终于化为沙土。

烟　囱

空洞的嘴巴总不闭住，
在把什么向青天倾诉？
即使把脖颈伸的再高，
吐出来的也是一些废物。

夜来香

浓郁的芳香
偏偏散发在晚上，
难道是蔑视灿烂的阳光？
其实你在将
阳光创造的甘美，
播向那黑暗的时光。

来，我们拉纤

——刘舰平

生活，像湍急的河，
曲曲折折，浪花翻卷。
随风顺水，当然最省力，
不用摇橹，不用拉纤。
漩涡，在你的眼里，
会变成一只只酒杯，
或是少女的笑靥。
噢！你可知道？
那湍急的漩涡下面，
正是碧波掩盖着的礁磐！

呵，逆流而上吧，
我同时代的青年！
摇起勤奋的桨橹，

张满信念的风帆，
握紧思索的舵把，
校准理想的罗盘。
切莫怡然地随波逐流；
切莫留恋于避风的港湾，
迎着风雨去探索人生吧，
让浪花缀满勇进的船舷！

父辈们哪，
我们再不愿意，
伴着《摇篮曲》的幻梦
入眠，
我们更不希望，
再听到“一代不如一代”
的感叹。
尽管我们的翅膀
还很稚嫩，
但十年的险风恶浪
何曾把它折断！
我们将脚踏实地做一名
纤夫，
去踏平坎坷崎岖的
万里长滩。

历史呵，请你作证，
中华民族必将崛起在
我们这一代的双肩！
啊！朋友，不要彷徨，
切莫抱怨，
快挽起衣袖，扎紧裤管，
逆水行舟，不进则退呀，
来，我们拉纤，我们拉
纤……

无 题

——杨 子

正直的人
待人以真心，
却从不考虑
自己今后的遭遇。
虚伪的人
用百分之一吹捧别人，
留百分之九十九
来标榜自己。
折中的人
不敢得罪错误，
却得罪了真理。
奸诈的人，
给人以笑脸，
却无法掩饰
自己脸上的狡黠。

真诚的爱

——杨　子

真诚的爱，
不需要热烈的表白；
海样的深情厚意，
浓缩成羞涩的一睐。

真诚的爱，
不靠甜蜜的吻来灌溉；
春阳般的体贴和关怀，
从轻柔的睫毛飞来。

真诚的爱，
不需涂饰什么色彩；
明亮纯洁的眼波里，
闪动着个甜美的未来。

追　求

——杨　子

不要追求星星，
她虽有迷人的眼睛，
但遥在天空。
不要追求风，
她的亲吻虽然温柔，
但她总是飘西荡东，
行踪不定。
也别去追求鲜花，
她送给你醉人的芳香，
同时，又招引所有的蝴蝶
和蜜蜂。
更不要去追求水中之月
的幻影，
她是捉摸不定的精灵，
又圆又缺，
时暗时明。
去爱土地吧！
粗犷诚朴的土地，
只要你播撒种子，
她总会给你收获。

不，我不说出那句话

——贺　平

不，我不说出那句话，
我要深深地，
深深地埋藏它。
如果你忘记，
它就不会发芽。

不，我不说出那句话，

如果你懂得，
用信任去栽培，
用理解去浇灌，
开花时节，
它便悄悄地
悄悄地红在你的窗下。

不，我不说出那句话，
我的处女的唇，
变成一朵喇叭花。
在你的篱笆上，
羞涩地抿着嘴巴，
你把心口贴近它，
才会听见那句话。

呵，那句话，
便是花的种子，
跟着风飘，
随着雨洒，
跟随着风雨飘洒，
飘洒，红遍天涯。
那时，
你走到海角天边，
都会听到那句话。

十四行诗

（六　六）

——莎士比亚〔英国〕

厌了这一切，我向安息的死疾呼，
比方，眼见天才注定做叫化子，
无聊的草包打扮得衣冠楚楚，
纯洁的信义不幸而被人背弃，
金冠可耻地戴在行尸的头上，
处女的贞操遭受暴徒的玷辱，
严肃的正义被人非法地诟让，
壮士被当权的跛子弄成残缺，
愚蠢摆起博士架子驾驭才能，
艺术被官府统治得结舌钳口，

淳朴的真诚被人瞎称为愚笨，
囚徒“善”不得不把统帅“恶”伺候；
厌了这一切，
我要离开人寰，
但，我一死，我的爱人便孤单。

悲惨图

——雨 果〔法国〕

一个做买卖靠秤头发了财，
法律让他做法官。冬天，冷得很，
一个穷汉拿了一个面包养家。
看这屋里多拥挤！这法官跑来，
审问那穷汉，听清楚，多公正！
一个应有尽有，一个贫无立锥！
这法官，——这商人，——生气他浪费了
一个钟头，狠狠地望了那哭哭
啼啼的穷汉一眼，判他服苦役
便翩然赴他郊外的别墅去了，
人散了；“很对”，好人齐声说
只剩下一个苍白忧郁的基督，
在法庭的墙壁高举着双手。

自由，爱情

——裴多菲〔匈牙利〕

生命诚可贵，爱情价更高；
若为自由故，二者皆可抛！

纪念碑

——普希金〔俄国〕

我为自己建立了一座非人工的纪念碑，
在人们走向那儿的路径上，青草不再生长，
它抬起那颗不肯屈服的头颅，
　　　　高耸在亚历山大的纪念石柱之上。

不，我不会完全死亡——我的灵魂在圣洁的诗歌中，
将比我的灰烬活得更久长，和逃避了腐朽的灭亡。
——我将永远光荣，
即使还只有一个诗人，
　　　　活在月光下的世界上。

我的名声将传遍整个伟大的俄罗斯，
它现存的一切语言，都会讲着我的名字，
无论是骄傲的斯拉夫人的子孙，是芬兰人，
　　　　以及现在还是野蛮的通古斯人，
和草原上的
朋友——卡尔梅克人。
我所以永远能和人民亲近，
是因为我曾用我的诗歌，唤起人们的善心，
在这残酷的世纪，我歌颂过自由，
　　　　并且还为那些倒下去的人们，祈求怜悯同情。

哦，诗神缪斯，听从上帝的意旨吧，
既不要畏惧侮辱，也不要希求桂冠，

赞美和诽谤，都平心静气地容忍，
也不要和愚妄的人空作争论。

帆

——莱蒙托夫〔俄国〕

在那大海上淡蓝色的云雾里，
有一片孤帆在闪耀着白光！……
它寻求什么，在遥远的异地？
它抛下什么，在可爱的故乡……

波涛在汹涌——海风在呼啸，
桅杆在弓起了腰轧轧地作响……
唉！它不是在寻求什么幸福，
也不是逃避幸福而奔向他方！
下面是比蓝天还清澄的碧波，
上面是金黄色的灿烂的阳光……
而它，不安的，在祈求风暴，
仿佛是在风暴中才有着安详！

二、寓言童话

图书馆里的老鼠

图书馆里的老鼠和阴沟里的老鼠，因为一个偶然的机会在路上相遇了。它们两个虽然“素昧平生”，但既是同一族类，仍不免要“寒暄”一番。因此之故，它们也就大体上知道彼此的身世了。

这时，阴沟里的老鼠不禁有点肃然起敬：“啊！老兄原来是‘书香门第’，一定是‘读破万卷书’的大学问家了，真是幸会幸会！”

图书馆的老鼠听罢之后，却机警地四面张望，看到周围无人，这才压低了嗓门说道：“不是同族，绝不告诉你！实不相瞒，我只是‘啃’破了万卷书，哪里识得一个字呀！”

“啊?！……”

孔子曰：“学而不思则‘罔’，信矣哉！”

乐音和噪音

小屋里拴着一头驴子，而墙壁上却挂着一把胡琴。每当五更左右，驴子总要“引吭高歌”一番，不过，若要把这叫声和胡琴委婉的乐音相比，确实是太“那个”了。所以，胡琴觉得驴子太无“自知之明”，应该给以劝告：“驴先生，你的声音确实很高，音量也很洪大，可惜那并不是音乐，特别是在我的面前，你应该谨慎一点才好！”

驴子回答道：“谢谢您的忠告，我知道我的声音并不美，但我一点也不惭愧，因为那完全是我自己的创造，您的乐音委婉动听，可是那是人们赋予你的。离开了人，您的美妙音乐也就不存在了。”

猴吃西瓜

猴儿王找到了个大西瓜。可是怎么吃呢？这个猴儿王是从来都没吃过西瓜的。忽然他想出一条妙计，于是就把所有的猴儿都召集来了，对大家说：“今天我找到了一个大西瓜，这个西瓜的吃法嘛，我全知道的，不过我要考验一下你们的智慧，看你们谁能说出西瓜的吃法。只要说对了，我可以多赏他一份儿；要是说错了，我可要惩罚他！”小毛猴一听，搔了搔腮说：“我知道，西瓜是吃瓤儿！”猴儿王刚想说同意，“不对，我不同意小毛猴的意见！”一个短尾巴猴说：“我清清楚楚地记得，我爸爸到我姑妈家去的时候，吃过甜瓜，吃甜瓜是皮。我想西瓜是瓜，甜瓜也是瓜，当然该吃皮啦！”大家一听有道理，可到底谁对呢？于是都不由把眼光集中到一只老毛猴儿身上。老猴儿一看，觉得出头露面的机会来了，就清理了一下嗓子说道：“吃西瓜嘛，当然……是吃皮啦！我从小就吃西瓜，而且一直是吃皮，我想我之所以老而不死，也正是由于吃了西瓜皮的缘故！”

有些猴儿早就等急了，一听老猴儿也这么说，就跟着嚷起来：“对，吃西瓜吃皮！”“吃西瓜吃皮！”猴儿王一看，认为已经找到了正确的答案，就向前跨了一步，开言道：“对！大家说的对，吃西瓜是吃皮！哼，就小毛猴崽子说吃西瓜是吃瓤儿，那就叫他一个人吃瓤，咱们大家都吃西瓜皮。”有个猴儿吃了两口，就捅了捅旁边的猴儿说：“哎，我说这可真不是滋味啊！”“唉，西瓜么，就这味儿！”

井底之蛙

在一口井里，住着一只青蛙。一天，青蛙正在井栏边玩儿，忽然碰上了一只从海里来的海鳖，青蛙对海鳖夸口说：“你看，我这儿多快乐啊！高兴时，就跳到水里，安详自在地漂浮；想散步，就在软绵绵的泥上溜达。看看那些孑孓和蝌蚪，谁能比上我呢！我是这里的主人，生活自由自在，请你到井里观赏一下吧！”

海鳖听了就想进去看看，可是，左脚还没有完全伸进去，右腿就给卡住了。它不慌不忙地退了出来，把大海的情况告诉青蛙说：

“你见过吗？海有多么阔，不能用千里去量；有多么深，不能用千丈去测。住在那广阔无边的大海里，才是真正的快乐呢。”

青蛙听了海鳖的这番话，吃惊地呆在那里，再没话可说了。“啊呀！井外还有这么大的世界呀！”

“井底之蛙”、“坐井观天”这两个成语是由这个寓言故事概括来的，比喻眼界狭小，盲目自大的人。

伊索和驴

——莫 邪

据说驴子闯进了伊索的家，盛气凌人地对他说：“喂，你怎么老把我的嗓音写得那么糟，这完全不符合事实。论天赋，我叫起来比谁都响；讲技术，我能又唱又踢。蛙和乌鸦都说我的独唱填补了音乐的空白，开创了声学革命的新纪元，而你却如此无知。希望你努力描绘我这歌手的形象，如果你不想挨驴蹄的话。”

“什么，把你写成歌手？”伊索放下鹅毛笔，气得簌簌抖。“要是听从了你的要挟，那我还算什么寓言家？世人将称你为伊索，而叫我为驴子了。”

狼和小羊

——克雷洛夫〔俄国〕

狼和小羊碰巧同时到一条小溪边喝水，那条小溪是从山上流下来的。狼非常想吃小羊，可是他想，既然当着面，总得找个借口才好。狼就故意找碴儿，气冲冲地说：“你怎么敢到我的溪边来，把水弄脏，害得我不能喝。你安得是什么心?”

小羊吃了一惊，温和地说：“我不明白我怎么会把水弄脏，您站在上游，水是从您那儿流到我这儿的，不是从我这儿流到您那儿的。”

“就算是这样吧，”狼说，“你总是个坏家伙，我听说，去年你还在背地里说过我的坏话。”

“啊，亲爱的狼先生，”可怜的小羊喊道，“那是不会有的事，去年我还没有出世哪!”

狼觉得用不着再争辩了，就龇着牙咆哮着说：“你这个小坏蛋！说我坏话的不是你就是你爸爸，反正都一样。”说着就扑到小羊身上，抓住它把它吃掉了。

坏人存心要干凶恶残酷的坏事情，那是很容易找到借口的。

卖火柴的小女孩

——安徒生〔丹麦〕

天气冷得可怕，天正下着雪，黑暗的夜幕开始垂下来了。这是一年中最后的一夜——新年的前夕。在这样的寒冷和黑暗中，有一个光头赤脚的穷苦小女孩正在街上走着。是的，她离开家的时候，正穿着一双拖鞋，但那又有什么用呢？那双拖鞋是那么宽大，以前一直是她妈妈穿着的。在她匆忙越过街道的时候，两辆马车飞快地闯过来；吓得她把鞋子都跑掉了。有一只鞋，她怎么也找不到，另一只又被一个男孩拾起来抢走了。他还说，等他将来有了孩子的时候，他可以把它当作一个摇篮使用。

现在小姑娘只好赤着一双小脚走路了。这双脚已经冻得又红又青。她的旧围裙里兜着许多火柴；她手中也拿着一束大火柴，这一整天谁也没有给过她一个铜板。

可怜的小姑娘！她又饿又冷，哆嗦着向前走。这简直是一幅悲惨的画面。雪花落在她的金黄色的长发上——这头发卷曲地散在她的肩上，看起来非常美丽。不过她并没有想到自己的美。所有的窗子都射出光来，街上飘着一股烤鹅肉的香味，因为今天是除夕。是的，她在想，今天是除夕。

她在两座房子——一座比另一座更向街心凸出一点——所构成的一个墙角里坐下来，缩做一团。她把她的一双小脚也缩了进去，不过她感到更冷了。她不敢回家去，因为她没有卖掉一根火柴，没有赚到一个铜板，她的父亲一定会打她，而且家里也是很冷的。他们什么也没有，头上只有一个屋顶，风可以从顶上吹进来，虽然最大的裂口已经用草和破布堵起来了。

她的一双小手几乎冻僵了。唉！哪怕一根小火柴对她也是有好处的。只要她敢抽出一根来，在墙上擦一下，暖一暖手就好了！她终于抽出了一根。哧！火柴燃起来了。冒出火来了！当她把手覆在上面的时候，它便成了一朵温暖的、光明的火焰，活像一根小小的蜡烛，这是一道美丽的微光！小姑娘觉得自己真像坐在一个有发亮的黄铜把手和炉身的铁火炉面前一样。火烧得多旺，多么温暖，多么美好啊！嗳，这是怎么一回事呀？小姑娘刚刚伸出她的一双脚，打算暖一下，忽然火焰熄灭了！火炉不见了，她坐在那儿，手中只有一根烧过了的火柴。

她又擦了一根，火柴燃起来了，发出光来了，墙上的那块被亮光照着的地方，现在忽然变得透明，像一片薄纱一样，她可以看到房间里的东西：桌上铺着雪白的台布，上面放着精致的盘碗，还有填满梅子和苹果的、冒着香气的烤鹅，更美妙的是：这只鹅从盘子里跳出来，背上插着刀叉，蹒跚地在地上走着，一直向这个穷苦的小女孩走来。这时火柴熄灭了，她面前只有一堵又厚又冷的墙。

她又擦了一根火柴，现在她是坐在美丽的圣诞树下，这株树比她上次圣诞节时透过一个富有的商人家的玻璃门所看到的那一株还要大、还要美，它的绿枝上燃着几千支蜡烛，一些跟挂在商店橱窗里一样美丽的彩色图画在向她眨眼。小姑娘把她的两只手伸过去，于是火柴就熄灭了，圣诞树的烛光越升越高，她看到它划出了一道长长的红线。

"现在又有一个什么人死去了，"小姑娘说，因为她的老祖母——她是唯一待她好的人，但是现在已经死去了——曾经说过："天上落下一颗星，地上就有一个灵魂升到上帝那儿去。"

她在墙上又擦了一根火柴，火柴把周围都照亮了，在这亮光中老祖母出现了，她显得那么光明，那么温柔，那么和蔼。

"奶奶！"小姑娘叫起来。"啊！请把我带走吧！我知道，这火柴一灭掉，您就会不见的，您就会像那个温暖的火炉，那只美丽的烤鹅，那棵幸福的圣诞树一样不见的！"

于是她急忙把整束火柴中剩下的那些都擦亮了，因为她非常想把祖母留住，这些火柴发出强烈的光芒，照得比白天还要明亮，祖母这次显得特别美丽和高大。她把小姑娘抱起来，搂在怀里。她们俩在光明和快乐中飞走了，越飞越高，飞到既没有寒冷，也没有饥饿的地方去了——她们是跟上帝在一起！

不过，在一个寒冷的清晨，这个小姑娘却坐在一个墙角里，她的双颊通红，嘴唇上带着微笑，她已经死了——在旧年的除夕冻死了。新年的太阳升起来了，照着她小小的尸体！她坐在那儿，手中还捏着火柴——其中有一束几乎都烧光了。"她想给自己暖一下，"人们说。谁也不知道：她曾经看到过多么美丽的东西，她曾经多么幸福地跟着她的祖母一起走到新年的幸福中去了。

三、散 文

《野草》题辞

——鲁 迅

当我沉默着的时候，我觉得充实；我将开口，同时感到空虚。

过去的生命已经死亡，我对于这死亡有大欢喜，因为我借此知道它曾经存活。死亡和生命已经朽腐。我对于这朽腐有大欢喜，因为我借此知道它还非空虚。

生命的泥委弃在地面上，不生乔木，只生野草，这是我的罪过。

野草，根本不深，花叶不美，然而吸取露，吸取水，吸取陈死人的血和肉，各各夺取它的生存。当生存时，还是将遭践踏，将遭删刈，直至于死亡而朽腐。

但我坦然、欣然。我将大笑，我将歌唱。

我自爱我的野草，但我憎恶这以野草作装饰的地面。

地火在地下运行，奔突，熔岩一旦喷出，将烧尽一切野草，以及乔木，于是并且无可朽腐。

但我坦然、欣然。我将大笑，我将歌唱。

天地有如此静穆，我不能不大笑而且歌唱。天地即不如此静穆，我或者也将不能。我以这一丛野草，在明与暗，生与死，过去与未来之际，献于友与仇，人与兽，爱者与不爱者之前作证。

为我自己，为友与仇，人与兽，爱者与不爱者，我希望这野草的死亡与朽腐，火速到来，要不然，我先就未曾生存，这实在比死亡与朽腐更其不幸。

去罢，野草，连着我的题辞。

寒冬话雪花

雪，像鹅毛，像棉絮，洁白无瑕；下雪的时候，雪花纷纷扬扬在空中飞舞，轻轻落下来，一片皆白；大雪初霁，红日映照，江山银装素裹，分外妖娆，“忽如一夜春风来，千树万树梨花开”的古诗，就是形容雪花的名句。

雪花是大自然为我们塑造的艺术品。

巍巍泰山

山峰突兀峻拔，雄伟壮丽，人们以“泰山梁木”称颂系天下安危的伟大贤哲；以“泰山若厉”形容坚持正义的庄严立场；以“泰山北斗”表示对登峰造极的成就的敬仰之情；人们还以“泰山不辞杯土”赞美伟大出自平凡的真理；以“死有重于泰山”歌颂为正义事业献身的光荣。

泰山英姿峻秀，为五岳之首。

独托幽岩展素心

——邓永康

人们爱兰，爱她的质朴纯真。两千多年前，伟大的爱国诗人屈原在《离骚》中深情的吟咏：“余既滋兰之九畹兮，又树蕙之百亩。”以兰蕙喻芳洁，表白忧国忧民的赤子之心。确实，兰花貌不惊人，本分而又内在。在静寂的山野，在繁华的闹市，她一直默无声息。敬爱的朱委员长深爱此花，躬亲艺兰，造诣很深。在他老人家的亲切关怀下，新中国的兰花事业得到了很大的发展。

兰花健美俊秀，她出自深山幽谷，剑叶潇洒飘逸，刚柔兼备。她在巉岩之上俯视山林，她在古树之下仰望苍天，她在修竹之间顾盼低回。在祖国大地上，兰花和古老的文明一起存在和吐芳。我国许多地方出产兰花：江南一带的“春兰”，华南地区的“建兰”，宝岛台湾的“台兰”等，皆久享盛名，我们天府之国的“兰蕙”，更是得天独厚，名种纷出，独树一帜，驰名中外。

世人皆爱兰，爱她独特的幽香。纵不言“王者之香”，但由于其清淳幽远，谁不为之倾心、陶醉和咏叹？有些花木爱兰之雅名曾加以借用，如木兰科的“白兰花”，石蒜科的君子兰等。南宋赵时庚始为兰编谱，清代郑板桥以画兰著称，长期以来，苏州、杭州、厦门、广州和成都等城市养兰之风盛行，大街小巷，阳台窗前，随处可见。兰花的形影和气质在时间和空间上自由驰骋。四八年前的早春二月，上海笼罩着白色恐怖，鲁迅先生送日本友人携兰归国，书赠七绝一首，写出兰的芳洁，表达了对灾难深重的祖国的无比痛惜和对日本人民的深情厚谊。袒露出一颗如兰似蕙的素心，诗云：“焚椒折桂佳人老，独托幽岩展素心。岂惜芳馨遗远者，故乡如醉有荆榛。”

古人言：“果之橄榄，书之骚，草之兰，可称三绝。”真是对兰爱莫如深，推崇备至矣！

奇妙的水的循环（节选）

（科学散文）

春云舒卷，夏云多奇，看着天空变幻无穷的云朵，你想过吗？它们行色匆匆，是从哪里来？又到哪里去呢？

你到过海边吗？惊涛拍岸，浪花似雪，海面浩浩瀚瀚，水天相连，及目远眺，一望无际。

那么，云和海洋有什么关系呢？

是的，我要告诉你，海洋是云的母亲。

海 燕

（散文诗）

——高尔基

白蒙蒙的海面上，风聚集着阴云。在阴云和海的中间，得意洋洋地掠过了海燕，好像深黑色的闪电。

一会儿，翅膀碰着浪花，一会儿，箭一般地直冲云霄，它叫喊着——而在这勇猛的喊叫声中，阴云听见了欢乐。

在这喊叫声中，充满着对暴风雨的渴望，愤怒的力量，热情的火焰和对胜利的确信。

海鸥在暴风雨到来之前呻吟着……，在海面上飞窜，想把自己对暴风雨的恐惧藏到海底里去。

海鸭也在呻吟着，这些海鸭啊，享受不了生活的战斗的快乐，轰击的雷声就把它们吓坏了。

蠢笨的企鹅，畏缩地在崖岸底下躲藏着肥胖的身躯……只有高傲的海燕，勇敢地、自由自在地在这泛着飞沫的大海上飞翔。

阴云越来越暗，越来越低地落到海面上来了！波浪一边歌唱一边冲向高空迎着雷声。

雷声轰鸣，波浪在愤怒的飞沫中吼叫着，跟狂风争辩着。狂风紧紧地抓住了一群波浪，恶狠狠地把它们摔在峭崖上，把这大块的翡翠砸成了尘雾和碎末。

海燕喊叫着、飞翔着，好像深黑色的闪电，箭一般地射穿那阴云，翅膀卷起浪花的飞沫。

看吧，它飞舞着，像高傲的、深黑色的精灵——它在笑，又在高叫……它笑那阴云，它欢乐地高叫！在雷声的震怒里，这敏感的精灵——早就听见了震怒的雷声的疲乏。它确信：乌云是遮不住太阳的，是的，遮不住的！

风在狂吼……雷在轰鸣……一堆堆的乌云，好像深蓝色的火焰，在无边无底的海面上燃烧。大海抓住闪电的光芒，把它熄灭在自己的深渊里。闪电的影子，像火蛇似的，在海里蜿蜒浮动着，渐渐地消逝了。

暴风雨！暴风雨就要来了！

那是勇猛的海燕，在闪电中间，在怒吼的大海上高傲地飞翔着，这胜利的预言家在叫喊：

“让暴风雨来得更猛烈些吧！”

一只贝

——贾平凹

一只贝，和别的贝一样，长年生活在海里。海水咸的，又有着风浪的压力；嫩嫩的身子就藏在壳里。壳的样子很体面，涨潮的时候，总是高高地浮在潮的上头。有一次，他们被送到海岸，当海水又哗哗地落潮去了，却被永远地留在沙滩，再没有回去。蚂蚁、虫子立即围拢来，将他们的软肉啮掉，空剩着两个硬硬的壳。这壳上都曾经显示投影过太阳、月亮、星星，还有海上长虹的颜色，也都曾经过浪花、漩涡，和潮峰起伏的形状；现在他们生命结束了！这光洁的壳上还留着这色彩和线条。

孩子们在沙滩上玩耍，发现了好看的壳，捡回来，拿花丝线串着，系在脖项上。人都在说：这孩子多么漂亮！这漂亮的贝壳！但是，这只贝没有被孩子们捡起，他不漂亮。他在海里的时候，就是一只丑陋的贝。因为有一颗石子钻进了他的壳内，那是个十分硬的石子，无论如何不能挤碎它；又带着棱角；他只好受着内在的折磨。他的壳上越来越没有了颜色，没有了图案，他失去了做贝的荣誉。但他默默的，他说不出来。

他被埋在沙里。海水又涨潮了；潮又退了；他还在沙滩上，壳已经破烂，很不完全了。

孩子们又来到沙滩上玩耍。他们玩腻了那些贝壳，又来寻找更漂亮的呢。又发现了这一只贝的两片瓦砾似的壳，用脚踢飞了。但是，同时在踢开的地方，发现了一颗闪光的东西，他们拿着去见大人。

“这是什么东西？”

“这是珍珠！嗨，多稀罕一颗大珍珠！”

“珍珠？这是哪儿来的呢？”

“这是石子钻进贝里，贝用血和肉磨制成。啊，那贝壳呢？这是一只可怜的贝，也是只可敬的贝。”

孩子们重新去沙滩寻找他，但没有找到。

一种人

——雷抒雁

有这样一种人：

当别人前进时，他总是固执地站在原地观望。抱着臂肘，冷冷地观望。

“喂，你错了，我早知道那是错的。”对那迈出的第一步，他就这样指责。

当走路的人，坚定地迈出第二步的时候，他有了一点动摇，倾前身子看看那不顾一切的脚步，并且那样夸大其词地喧嚷着自己的前倾，说那就是在前进。

第二步之后，走路的人想回过头来看看自己的来路，以便更坚定地迈出第三步。观望者以为是别人走错了，便立即把前倾的腰板挺直，拉开算账的架势："怎么样，早说你错了吧，早该收回那冒险的脚步了，还是我对了吧！"

走路的人，吃惊地望了他一眼，依然坚定地、稳妥地走下去，而且越走越快。他相信，固执的人，总有一天，要花费更大的气力跑步追上来。

如 果

——柯 兰

如果我是一滴水，我要从小溪流到小河，又从小河流进海洋。我要走向集体，我不愿意一个人存在。

如果我是一滴水，我要溶化在小溪，溶化在小河，最后又溶化在海洋里。我知道我和成千上万的弟兄凝结在一起，严寒不能冰冻我，太阳也不能把我晒干。

如果我是一滴水，我要从小溪冲进小河，又从小河冲进海洋。我生活在海洋里多么广阔。成千上万的弟兄在一起奔流，奔向一个方向，斗争起来多有力量，建设起来又多美满……

海 思

——梁 衡

没有见过海，真想不出她是什么样的。

眼前这哪里是海呢？只是水，水的天，水的地，水的色彩，水的造型。那如花灿开的浪，时起时伏的波，星星点点的雨，湿湿蒙蒙的雾，一起塞满了这个蓝天覆盖下的穹庐。她们笑着，叫着，舔食着天上的云朵，吞没了岸边的沙滩，狂呼疾走，翻腾飞跃。极目望去，那从天边垂下来的波涛，一排赶着一排，浩浩荡荡，一层紧追着一层，像秋风田野上盛开的棉朵。那波浪互相拥挤着、追逐着，越来越近，越来越高。赶来到脚下时便陡立成一道道齐齐的水墙，像一匹扬鬃跃蹄的野马，呼啸着扑上来，“啪”的一声，一头撞在那些圆溜溜的礁石上，顷刻间便化作了点点水珠和星星飞沫。还不等这些水珠从礁石上退下，又是一排水墙，又是一声巨响；一阵赶着一阵，一声接着一声，无休无止，不穷不尽。倒是水雾里的那几只海鸥在悠闲地盘旋着，打着浪尖。我站在礁石上，任海风鼓满襟袖，任浪花打湿鞋袜，那清风碧波，像是从天上，从地下，从四面八方，从我的五脏六腑间一起涌过。我立即被冲洗得没有一丝愁绪，没有一星杂虑。而那隆隆的浪，滚滚的波，那浪与礁石搏斗的音乐，又激荡起我浑身的热血。海啊，原来是这样子。

每天，我在海边散步，便被织进一张蓝色的大网中。我知道这水和空气本是透明无色的。但天高水深，那无数的“无色”便成了这种可见不可触的蔚蓝色，似有似无，给人一种遐想，一种缥缈，一种思想的驰骋。朱自清说，瑞士的湖蓝得像欧洲小姑娘的眼，我这时却觉得这茫茫的大海蓝得像一神秘的梦。

当我从海湾的那边返回时，是乘的船。风平浪静，皓月当空。在月光与水波织成的羽纱中飘荡。我躺在铺位上，倾听那海风海浪的细语，身子轻轻地摇晃着，不由想起那唱着催眠曲的母亲，和她手里的摇篮。本来，地球上并没有生命，是大海这个母亲，她亿万年来哼着歌儿，不知疲倦地摇着，摇着，摇出了浮游生物，摇出了鱼类，又摇出了两栖动物，脊椎动物，直到有猴，有猿，有人。我们就是这样一步步地从大海里走来。难怪人对大海总是这样深深地眷恋。人们不断到海边来旅游，来休憩，来摄影作画，寻诗觅句。原来是为了寻找自己的血统，自己的影子，自己的足迹。无论你是带着怎样的疲劳，怎样的烦恼，请来这海滩上吹一吹风，打一个滚吧，一下子就会返璞归真。获得新的天真、新的勇气。人们只有在这面深蓝色的明镜里才能发现自己。

当我弃船登岸时，又转过身来，猛吸一口带咸味的空气，海啊，你在我的心里。

荔枝蜜

——杨 朔

花鸟草虫，凡是上得画的，那原物往往也叫人喜爱。蜜蜂是画家的爱物，我却总不大喜欢。说起来可笑。孩子时候，有一回上树掐海棠花，不想叫蜜蜂螫了一下，痛得我差点儿跌下来。大人告诉我说：蜜蜂轻易不螫人，准是误以为你要伤害它，才螫。一螫，它自己耗尽生命，也活不久了。我听了，觉得那蜜蜂可怜，原谅它了。可是从此以后，每逢看见蜜蜂，感情上疙疙瘩瘩的，总不怎么舒服。

今年四月，我到广东从化温泉小住了几天。四围是山，怀里抱着一潭春水，那又浓又翠的景色，简直是一幅青绿山水画。刚去的当晚，是个阴天，偶尔倚着楼窗一望，奇怪啊，怎么楼前凭空涌起那么多黑黝黝的小山，一重一重的，起伏不断。记得楼前是一片比较平坦的园林，不是山。这到底是什么幻景呢？赶到天明一看，忍不住笑了。原来是满野的荔枝树，一棵连一棵，每棵的叶子都密得不透缝，黑夜看去，可不就像小山似的。

荔枝也许是世上最鲜最美的水果。苏东坡写过这样的诗句：“日啖荔枝三百颗，不辞长作岭南人。”可见荔枝的妙处。偏偏我来得不是时候，满树刚开着浅黄色的小花，并不出众。新发的嫩叶，颜色淡红，比花倒还中看些。从开花到果子成熟，大约得三个月，看来我是等不及在从化温泉吃鲜荔枝了。

吃鲜荔枝蜜，倒是时候。有人也许没听说这稀罕物儿吧？从化的荔枝树多得像汪洋大海，开花时节，满野嘤嘤嗡嗡，忙得那蜜蜂忘记早晚，有时趁着月色还采花酿蜜。荔枝蜜的特点是成色纯，养分大。住温泉的人多半喜欢吃这种蜜，滋养精神。热心肠的同志为我也弄到两瓶。一开瓶子塞儿，就是那么一股甜香；调上半杯一喝，甜香里带着股清气，很有点鲜荔枝味儿。喝着这样的好蜜，你会觉得生活都是甜的呢。

我不觉动了情，想去看看自己一向不大喜欢的蜜蜂。

荔枝林深处，隐隐露出一角白屋，那是温泉公社的养蜂场，却起了个有趣的名儿，叫“蜜蜂大厦”。正当十分春色，花开得正闹。一走近“大厦”，只见成群结队的蜜蜂出出进进，飞去飞来，那沸沸扬扬的情景，会使你想：说不定蜜蜂也在着手建设什么新生活呢。

养蜂员老梁领我走进“大厦”。叫他老梁，其实是个青年人，举动很精细。大概是老梁想叫我深入一下蜜蜂的生活，小小心心揭开一个木头蜂箱，箱里隔着一排板，每块板上满是蜜蜂，蠕蠕地爬着。蜂王是褐色的，身量特别细长，每只蜜蜂都愿意用采来的花精供养它。

老梁叹息似的轻轻说：“你瞧这群小东西，多听话。”

我就问道：“像这样一窝蜂，一年能割多少蜜？”

老梁说：“能割几十斤。蜜蜂这物件，最爱劳动，广东天气好，花又多，蜜蜂一年四季都不闲着。酿的蜜多，自己吃的可有限，每回割蜜，给它们留一点点糖，够它们吃的就行了。它们从来不争，也不计较什么，还是继续酿蜜，整日整月不辞辛苦……”

我又问道：“这样好蜜，不怕什么东西来糟害么?”

老梁说：“怎么不怕? 你得提防虫子爬进来，还得提防大黄蜂。大黄蜂这贼最恶，常常落在蜜蜂窝洞口。专干坏事。”

我不觉笑道：“噢！自然界也有侵略者。该怎么对付大黄蜂呢?”

老梁说：“赶！赶不走就打死它。要让它待在那儿，会咬死蜜蜂的。”

我想起一个问题，就问：“可是呢，一只蜜蜂能活多久?”

老梁回答说：“蜂王可以活三年，一只工蜂最多能活六个月。”

我说：“原来寿命这样短。你不是总得往蜂房外边打扫死蜜蜂么?”

老梁摇一摇头说：“从来不用。蜜蜂是很懂事的，活到限数，自己就悄悄死在外边，再也不回来了。”

我的心不禁一颤：多可爱的小生灵啊，对人无所求，给人的却是极好的东西。蜜蜂是在酿蜜，又是在酿造生活；不是为自己，而是在为人类酿造最甜的生活。蜜蜂是渺小的；蜜蜂却又多么高尚啊！

透过荔枝树林，我沉吟地望着远远的田野，那儿正有农民立在水田里，辛辛勤勤地分秧插秧。他们正用劳动建设自己的生活，实际也是在酿蜜——为自己，为别人，也为后世子孙酿造着生活的蜜。

这黑夜，我做了个奇怪的梦，梦见自己变成一只小蜜蜂。

人生百味（二则）

——罗　军

学会放弃

要想采一束清新的山花，就得放弃城市的舒适。要想做一名登山健儿，就得放弃娇嫩白净的肤色。要想穿越沙漠，就得放弃咖啡和可乐。要想有永远的掌声，就得放弃眼前的虚荣。

生活有时会逼迫你，不得不交出权力，不得不放走机遇，甚至不得不抛下爱情。

你不可能什么都得到，所以，生活中应该学会放弃。苦苦地挽留夕阳，是傻子；久久地感伤春光，是蠢人。什么也不肯放弃的人，常常会失去更珍贵的东西。舍不得家庭的温馨就会羁绊启程的脚步，迷恋手中的鲜花就可能耽误了你美好的青春，不是吗？

今天的放弃，是为了明天的得到。干大事业者不会计较一时的得失，他们都知道放弃，如何放弃，放弃什么。

放弃，你就可以轻装前进；放弃，你就可以摆脱烦恼，摆脱纠缠，整个身心沉浸在轻松悠闲的宁静中去。

放弃还会改善你的形象，使你显得豁达豪爽；放弃会使你赢得众人的信赖，从而掌握主动；放弃会让你变得更精明，更能干，更有力量。

学会放弃吧，朋友，放弃失恋带来的痛楚；放弃屈辱留下的仇恨；放弃心中所有难言的负荷；放弃浪费精力的争吵放弃没完没了的解释；放弃对权力的角逐；放弃对金钱的贪欲；放弃对虚名的争夺……

是次要的，枝节的，多余的，该放弃的都放弃。

深与浅

我们常常说：浅。何者是浅？

浅，也许就是深；而深，也许才是浅。

深潭，深渊，深不可测，人人恐惧，是好么？

浅浅的溪流，水潺潺，波粼粼，一路欢笑，一路放歌。浅浅的海滩，海鸥展翅，微浪轻涌，引来四面八方好男靓女游泳嬉戏。浅，是一种单纯，一种妩媚，一种清丽的时候，谁说是不好呢？

当我深陷孤独，深埋在自我中无法自拔的时候，我总是呼唤浅一些，再浅一些。深，有时是一种痛苦，一种麻木，一种人性的失落。浅，则是一种解脱，一种欢乐，一种人性的复归。

深深浅浅，原本没有什么界限。故作高深就是浅，自知其浅，自认其浅的人其实并不浅。

对于人生的溪流，谈什么抽象的深浅，若有一段清澈的水流，三二朵洁白的浪花，几粒玲珑的彩石，不就很美了么？

聪明的特征

——培 生

聪明的第一个特征是善于选择长远的奋斗目标。也就是崇高的远大理想，理想是指引方向的明灯，也是前进的动力源泉。理想越崇高，意志便越坚强，潜力也发挥的越充分。

聪明的第二个特征是善于最大限度地利用客观和主观条件，选择最佳方法，力图在最短时间内完满地实现既定的目标。客观条件还包括偶然的机会。往往会收到意想不到的效果。主观条件是指扬我所长，避我所短，最大限度地发挥自我潜力。

聪明的第三个特征表现在实现目标的勤奋和毅力上。光勤奋还不够，还需要超人的毅力。方向性和坚持性是毅力的基本特色。有些人辛勤一生，最后却碌碌无为。原因是他一遇困难就改变方向，砌了许多土堆，却未造成一座房子。

只活一次

——曹金枝

遗憾。我们每个人只能活一次，仅仅一次。您不觉得太少了吗?

只活一次，仅仅一次。你何必太过分装饰自己？其实世界并不复杂，只是居于世上的人太复杂。要叹息就叹息，要歌唱就歌唱。多些天真也许可以少些忧虑，笑也舒畅，哭也坦诚。别用太多的脂粉涂抹自己，生活毕竟不是演戏。

只能活一次，绝没有第二次，这本身就是遗憾和残酷，但其实又是公正和无私。生命对谁也没有回归年，谁也无法让历史重演。就这一次，要你去编排，要你去主演。迟到了可以报告；说错了可以改口；搭错了车可以转车，唯独生命你没有第二次选择。

你只能活一次。

告别失意

——高　丽

一次考场失意，一次意外跌宕，一次惨痛的失败，甚至一次莫名的委屈，都可能折断那些尚未成熟的羽翼，让年轻的心在风雨中摇落。

朋友，为什么不留一片绿地给自己？失意时，不妨去郊游——走进大自然的深刻与广博。登高远眺，心中会豁然开朗："没有比脚更长的路，没有比人更高的山。"走你自己的路吧，不必在意它平坦或崎岖，因为飞翔的翅膀原本就需要风雨锤炼！或者在一个残阳如血的傍晚，轻轻漫步在飘逸着音符的河堤，风把岸边的纤茸舞成长发的风采，轻轻地撩拨你欲飘的思绪。当河水把夕阳揉皱，让你我走到一起，不去翻弄徐志摩的忧郁，也不看郁达夫的日记，只让音乐流淌在胸际，让关于命运的主题在晚烟中低低回荡……

朋友，你必须明白：成长的定义就是一次次地用成与败来磨炼你，用荣与辱来醒示你，"岁月是一条往复曲折的路，而生命的跋涉永远无归期！"你可以踏着青春的节拍，再次把双手舞动，跳跃出一段多彩的旋律，尽情地假定宣泄你胸中的积郁，然后高唱着"少年壮志不言愁"，再把汗水洒在航船触礁的地方。

哲人早就告诉我们：知识的力量可以使人弥补缺憾而趋向完美。朋友啊，振作起来，告别忧伤，认准人生并非只有一个开头，重新踏入知识的海洋，去探宝，去采撷。当你拥有了知识，你就拥有了一个比地球更广阔的世界，拥有一个流光溢彩的完美的人生。

随 想（九首）

——杨 子

太 阳

它从东方升起，喷着火，烧着霞，向人间洒着光明。有人说，它身上有黑子，它不隐讳，依然庄严地在人们头上走过，挥洒灿烂的阳光……

雄　鸡

它在黎明中鸣啼，太阳在黑暗中升起，它感到骄傲：是我把太阳从东山后唤起。

一天，它在黑夜里死去，太阳依旧在朝霞中冉冉升起。

百日红

它，在炎炎赤日下，怒放着，像一团燃烧的火。桃花笑它不长果实；牡丹笑它开的不富丽；桂花笑它没有芬芳的气息；它开放着，看着百花凋零，高擎着燃烧百日的火炬。

风　筝

凭借着长风，风筝在蓝天上飞翔，像只山鹰。它陶醉了，挣脱了牵着它的线，然后，像个醉汉，一头栽倒在大地上，折得粉身碎骨。

煤　炭

它黑晶晶，亮闪闪，从地下来到世间。小山花笑它：你真黑，我多好看。

茫茫的白雪将小山花埋葬，它在炉膛中开花了，为人类制造着温暖。

回　忆

它，驶离了现实港湾的一页白帆，在生活的大海上渐渐地去远，给记忆的视野中，留下了星星模糊的斑点……

它，载去了童年时“飞天”的幻想，带走了生活中经历的苦甜。我多么想把这满载的风帆留住，时间的烈风却将它吹向很远，很远……

灵 魂

它，是个用肉眼看不见的赤身的躯体。有时，也需要穿上一套华丽的外衣。可是，决不要将心灵的眼睛蒙上；那样，只会自己欺骗自己。

身 影

光明中，它无休止的和你纠缠，像个毫无廉耻的妓女；当黑暗一旦来临，它又轻易地把你抛弃。

坟 墓

它，像个收破烂的，将一切死者的尸骨收藏，可是埋掉的只是躯体，却不能将伟大的思想埋葬。

泪珠赋（节选）

——黄仁惠

泪珠，是怯懦、软弱、自私、无为的表现么？有人这么说过。我也曾有过这样的认识，那是在从前。现在呢？

现在，我却要蘸着血，燃着火，写一篇歌颂、赞美的《泪珠赋》。

你说的是挂在睫毛上的，滚动在脸颊上的，那晶莹滚烫的泪珠吗？

平静的湖水泛不起浪花。奔腾穿峡的江河，咆哮怒吼的大海，才会涌起飞舞的浪花。平静的思想感情不会产生泪珠。只有当思想卷起狂澜，感情掀起波涛，人们才会涌出泪洙。泪珠就是思想狂澜上、感情波涛上迸溅跳跃的浪花。

当然也有怯懦自私的泪珠。但是，那是躲在角落里，背着人的目光，偷偷地流淌的泪珠。当然也有庸俗虚假的泪珠，在大庭广众之中，在人们的目光前炫耀。但是，这绝不是浪花的闪现！充其量也只能算是思想的废污，感情的脏水的排泄而已。

我歌颂赞美的是高尚无私，真诚感人的泪珠。它曾是正直和善良的标志，它曾是正义和真理的象征。它使我动情，它使我鼓舞，它使我勇敢，它使我怀念。

也许有人要问：人世间这么多的真、善、美，曾几何时一滴小小的泪珠，竟然使你如此挚情？

我要说：亲爱的朋友，亲爱的同志，你们中的任何人都曾经历过这样的时刻。不信？请你翻开记忆中最难忘的一页，回到历史上最使你感动的那个时刻。

……诚实的人不能只唱赞歌！因为人生与阅历曾经锻炼了我，使我懂得了一个真理：感情的浪花不能溢出理智的渠道，热情的火焰不能超越思想的高度。我冷静地循着记忆中闪光的一页向前翻去，顺着历史上最那样的时刻向上追溯。在我的面前，却是一个严酷的事实：愚昧同专制在一起，专制同灾难在一起，灾难同泪珠在一起。我们的祖国专制的时间太长了，我们的民族经受的灾难太深了，我们的人民流淌的泪珠太多了。人民的泪珠虽然那么激动过我，但是我再也不愿看到人民流这么多的泪珠了。纵然是欢乐的泪珠，我也不愿再看见！因为我知道，只有经过太多的灾难，经过太深的痛苦，才会在欢乐的时刻流淌这么多的泪珠。

写歌颂、赞美的《泪珠赋》，我是第一次。但愿也是最后一次。我的人民呵，不要再流这么多的泪珠吧！您的泪珠已经太多、太多，几乎流干了！

泪珠流干了，有血珠。血珠流干了，有汗珠。只有汗珠是永远流不完的！因为汗珠同劳动在一起，劳动同创造在一起，创造同理想在一起，理想同幸福在一起。

追求内心美

——马 艺

人类本性中有普遍爱美的要求。审美是潜存于心的量评人事的精神尺度。尽管对于美的看法几乎是各种各样的，但是，无论如何对于美的倾向总归是一致的，这才形成美和审美的基本观念。

似乎觉得丰腴比清瘦要姣美，“一胖遮百丑”是也，这是健壮美。平淡世俗的花街闹巷，也比离奇高贵的天国画卷，给人共鸣能察的兴味，这是真实美。亭亭玉立的女郎是惹人尊崇追求的，这是姿色美。姿态音容、穿戴服饰形成人的外表美。志趣情操德识才学构成人的内心美。

青年朋友，在美的丛林中探索，特别是在选择爱人时，你追求什么样的美呢？

外表美是浅淡短暂的，青春美色灼神动情，却像落花流水一样转瞬清秀。外表美是大自然最初赋予姑娘的一份厚礼，也是它抢先从妇女身上回收的得天宝物。一心追求天仙花容的过客，往往只配作外表美的俘虏，有时还要付出惨重的代价。内心美则是一种深沉永久的美，是灵智的圣树荣茂到一定时间结出的神果。这果实给人宁静幽雅的风韵，使向上的心产生追求更高境界美的渴望。

我们总是对诚朴谦和的品貌，产生怜爱的好感，尽管这个人的外表美较差些。真正博得好感的并不是经过装饰的外表美，正是蕴含在静穆神韵中的内心美。为什么不同的人穿着同样的衣裙，也依然神态各别，气度迥异？说明同一调式并不能完全掩抑内心美。为什么具有秀丽的颜面，匀称的身段，虽然看去不缺乏标致，但总觉得在细审之中缺乏一点东西呢？这是缺乏内心美。像红艳纸花没有香气一样，大概这就是仅仅皮相之美，才不格外激动人心的奥秘吧！所以奥斯特洛夫斯基才说："人的美并不在于外貌，衣服和发式，而在于他的本身，在于他的心，要是人没有内心的美，我们常常会厌恶他漂亮的外表。"

内心美的标志往往不在于外表，主要在内心，恰如一个残废人，凭着他强毅的精神力量和由此造就的功业，不但并不令人生厌，人们还被他吸引一样。难道莱尼小姐这位红极舞坛的芭蕾舞明星，不正是这样才深深地追求着牛虻吗？然而，奇怪的牛虻并不爱她的美。牛虻并不是傻瓜，他所追求的内心美大约正是莱尼小姐所贫乏的东西。纯粹的生理需要并不是幸福的丰碑，只有内心美的共鸣与结合，才能建筑起超高的爱情大厦。内心美决定着爱情大厦的设计风格。这种大厦可以抗震，水火对之坚实的基础毫无妨害。这就是年岁不能"抓走"的内心美的宝贵之所在。

美的生命力在于显现；而生命的价值，又在于能够通过痛苦悔悟的途程，顽强追求内心美，把美的灯焰拨得更明亮。

追求内心美的一方，可以凭借创造的想象，去弥补对方外表中的不足之处。这些想象的神圣产品，生成一种亲和力，使恋爱双方在认为满足的快慰中，享受对美感的渴望。否则，就没有"情人眼里出西施"的俚语了吧！人们向往的是内心美兼外表美，能够得到这种完美的人是不多的。这就更要重视内心美的价值，并善于借内心美的烛照，去科学地看待外表美。

追求内心美需要有卓识和勇气。恋爱的深度与双方对美，尤其是对内心美的理解程度成正比。

希求爱情的绿洲是正当的愿望，那是聚集着人生的灿烂之霞。

在基础文明与日提高的时代，在淑风良经与日康复的今天，朋友，为了爱情的幸福，我要告诉你一个秘诀：毅然追求内心美！

暴雨和彩虹

——朱慧玲

雨后的彩虹虽然绚丽多彩，引人遐想，但它只是回光返照的幻影，空疏无物，随后稍纵即逝；夏日的暴雨虽无柔美的姿态，又不容人有须臾奇异的遐想，它却洗净了天空。冲刷了污垢，润透了大地……

我爱猛烈的暴雨，不爱那艳美的彩虹。

浪花集

——杨　子

晨　曦

大海的壮丽景色，能教会你生活和斗争。

海　鸥：　在飞瀑浓雾里，亮着一道道闪电——在远远的海上涌来一排排白浪，腾空飞着一群海鸥。

白色的海鸥呵，飞翔的海鸥。迎风击浪永不疲倦的海鸥，你把我们心灵的窗户启开……在四化的征途上，不是也有风浪吗？我们要用理想、智慧和力量的翅膀，飞向那美好的未来。

海　浪：　我爱广阔无垠的大海，更爱磅礴不息的海浪。海浪是力无穷尽的，愤怒的大海，浪涛如山涌。海浪像千头雄狮，奔腾着，咆哮着汹涌澎湃，一泻千里，以雷霆万均之力，把大地摇撼。

海浪是意志顽强的，任凭多么坚强的东西，它都无所畏惧。海浪挽着群力的手臂，一次又一次地向岩礁，沙岸进击，坚忍不拔，锐气不减，天长地久，嶙峋的顽石变得光滑低矮了，泥沙向后退却了。

海浪是永不休止的，海浪后浪推前浪，一浪更比一浪高，年年如此，永不歇息。它像那冲锋陷阵的勇士，前仆后继，勇往直前，岩礁在海浪的吼声中瑟瑟发抖。

海浪是明辨泥沙的，滚滚大海浪淘沙，冲洗掉的是污泥，留在岸边的是沙石。

我赞颂海浪，因为我从海浪的品格中，懂得了生活的哲理。

过去·现在·未来

——秦大权

过去了的事情只有用记忆去重温——有愉快的歌声，有痛苦的呻吟，还有充满血和泪的思索。

过去的一切都是历史，历史不能涂改。过去的过错要在今天痛改，过去的损失要在今天弥补，过去的空虚要在今天充填。不能忘记过去，但也不能对过去流连忘返，重要的是面对现在，把握住今天。

昨天被耽误了，今天不能再虚掷时光，要从今天起步。不要犹豫彷徨，怨天尤人。把过去那些不愉快的往事赶出脑海，把总结出来的经验和教训，存入记忆的档案里，轻松而豪迈地投身于现实生活的洪流中去。翻开日历，要意识到今天是崭新的一页，不能让今天这一页成为空白，更不能把它糟蹋和玷污。要认真思考，郑重设计：是抒写激情昂扬的诗篇，还是勾画灿烂似锦的朝霞？

在设计现在的时候，不要忘记未来在招手。放开眼界，高瞻远瞩，不要目光短小如豆。眼光盯着鼻子尖走路的人，跨不过大河，翻不过高山，还有可能跌跤子。要看到未来的生活充满阳光，开满鲜花，自然也会有电闪雷鸣，急风暴雨。只有对未来充满希望，才能热爱生活；若不热爱生活，生命就无法延伸，又怎么为争取美好的未来百折不挠呢？信心和勇气，是通向未来事业的大门，在向未来起步的时候，是打算让未来留下无穷的悔恨，还是留下创造成果与自豪？

我寻觅美的所在

——葛崇岳

年年月月，暮暮朝朝，我寻觅美的所在。

登上文殊院，仿佛置身美的世界！

呵！黄山，钟天地之柔秀，集众美于一炉。七十二峰，美的雕塑：四纪冰川的杰作；奇松怪石美的画屏，出自大家的手笔；流泉飞瀑鸣禽，美的音乐，神韵天籁；云海瞬息万变，美的舞蹈；仙袂飘飘，呵！美的胚胎，美的雏形，美的化身。你美就美在，含蓄而不露，浓淡总相宜。云以山为体，山以云为衣；哟！云中的神，雾中的仙哟！情一样深，梦一样迷。时而，玉镂银雕，仙姿绰约；时而，珠围翠绕，妩媚妖娆；时而淡妆素裹，流转婀娜，翩翩风采。有如河洛之神，恰似巫山之女，羽纱轻拂，如烟如梦；俗藏还露，似露还遮；虽掩面犹风韵，忽隐身而现影，摸不透，看不真！

我谓黄山：为何羞答答忸怩作态，苍茫茫故弄玄虚？黄山答我：非也！非也！都只为气候无常，风云多变，才使我扑朔迷离，捉摸不定；揭去雾纱云罗，便现我实体，是我真形！

菜花开了

——王慧骐

菜花开了，默默地，在无边无际的田野里绽开朴实的笑靥。

从它身边走过的人，可有谁丢下一束欣赏的目光？它的名字几乎被人遗忘。

是它没有奇丽的色彩？

是它没有诱人的芬芳？

……不久，菜花谢了，变成一粒粒饱鼓鼓的菜子。

这时候，人们都来了，包括那些曾经对菜花不屑一顾的人。

落　叶

——柯　蓝

秋天，树叶黄了，枯了。快要脱落了。

枯黄的叶子离开了枝头，在风中飞舞着，它对世界还是如此的留恋……

假若我是落叶，我愿很快地落在地上，又很快地被雨水溶化，然后又钻进又香又黑的泥土里尽情地拥抱这些有大有小，有粗有细的树根，衷心地对他说：“你快生长吧，生长更多更绿的叶子。我把我自己全部献给你。……”

天平的启示

你的托盘，帮助拉瓦锡揭示了燃烧的秘密；

你的标尺，协助居里夫妇寻找镭的踪迹；

……人们把你和科学家一起载入史册，给了你崇高的荣誉。你总是歉逊地把指针指着“0”。似乎在说，成绩只能说明过去，一切从零开始！

呵，我虽然不是科学家，我也从你这儿悟出一个真理：成就总是和你付出的劳动相等；汗水才是衡量荣誉的砝码。

笔的梦

笔，做了个梦。

她梦见自己变成了一只小春蚕。那一册册书籍，一页页资料，也变成了一片片的桑叶。书页儿翻动，沙沙作响，那是她在不停歇地吮吸着、咀嚼着知识。

她思考：头眠、二眠、三眠……

啊，她经于成熟“上山”了，登上了科学的峰巅。人民用知识哺育了她，她要把知识毫无保留地奉献人民。她不分昼夜地向祖国倾吐着自己的感情，在设计图纸上留下了一根根银丝——……

她呀，还梦见自己吐的丝——变成了凌空横飞的电缆，绵延千里的铁轨；

变成了拖拉机耕出的长垅，碧波荡漾的灌溉渠；

变成了火箭飞行的弹道；卫星发射的电波……

荷塘月色

——朱自清

这几天心里颇不宁静。今晚在院子里坐着乘凉，忽然想起日日走过的荷塘，在这满月的光里，总该另有一番样子吧。月亮渐渐地升高了，墙外马路上孩子们的欢笑，已经听不见了；妻在屋里拍着闰儿，迷迷糊糊地哼的眠歌。我悄悄地披了大衫，带上门出去。

沿着荷塘，是一条曲折的小煤屑路。这是一条幽僻的路；白天也少人走，夜晚更加寂寞。荷塘旁边，长着许多树，蓊蓊郁郁的。路的一旁，是些杨柳，和一些不知道名字的树。没有月光的晚上，这路阴林森的，有些怕人。今晚却很好，虽然月光也还是淡淡的。

路上只我一个人，背着手踱着。这一片天地好像是我的；我也像超出了平常的自己，到了另一世界里。我爱热闹，也爱冷静，爱群居，也爱独处。像今晚上，一个人在这苍茫的月下，什么也都可以想，什么都可以不想，便觉是个自由的人。白天里一定要做的事，一定要说的话，现在都可以不理。这是独处的妙处；我且受用这无边的荷香月色好了。

曲曲折折的荷塘上面，弥望的是田田的叶子。叶子出水很高，像亭亭的舞女的裙。层层的叶子中间，零星地点缀着些白花，有袅娜地开着的，有羞涩地打着朵儿的；正如一粒粒的明珠，又如碧天里的星星，又如刚出浴的美人。微风过去，送来缕缕清香，仿佛远处高楼上渺茫的歌声似的。这时候叶子与花也有一丝的颤动，像闪电般，霎时传过荷塘的那边去了。叶子本是肩并肩密密地挨着，这便宛然有了一道凝碧的波痕。叶子底下是脉脉的流水，遮住了，不能见一些颜色；而叶子却更见风致了。

月光如流水一般，静静地泻在这一片片叶子和花上。薄薄的青雾浮起在荷塘里。叶子和花仿佛在水中洗过一样；又像笼着轻纱的梦。虽然是满月，天上却有一层淡淡的云，所以不能朗照；但我以为这恰是到了好处——酣眠固不可少，小睡也别有风味的。月光是隔了树照过来的，高处丛生的灌木，落下参差的斑驳的黑影，峭楞楞如鬼一般；弯弯的杨柳的稀疏的倩影，却又像是画在荷叶上。塘中的月色并不均匀；但光与影有着和谐的旋律，如钢琴上奏着的名曲。

荷塘的四面，远远近近，高高低低都是树，而杨柳最多。这些树将一片荷塘重重围住；只在小路一旁，漏着几段空隙，像是特为月光留下的。树色一例是阴阴的，乍看像一团雾；但杨柳的风姿，便在烟雾里也辨得出。树梢上隐隐约约的是一带远山，只有些大意罢了。树缝里也漏着一两点路灯光，没精打采的，是渴睡人的眼。这时候最热闹的，要数树上的蝉声与水里的蛙声；但热闹是它们的，我什么都没有。

忽然想起采莲的事情来了。采莲是江南的旧俗，似乎很早就有，而六朝时为盛；从诗歌里可以约略知道。采莲的是少年的女子，她是荡着小船，唱着艳歌去的。采莲人不用说很多，还有看采莲的人。那是一个热闹的季节，也是一个风流的季节。梁元帝《采莲赋》里说得好：

于是妖童媛女，荡舟心许；鹢首徐回，兼传羽杯；櫂将移而藻挂，船欲动而萍开。尔其纤腰束素，迁延顾步；夏始春余，叶嫩花初，恐沾裳而浅笑，畏倾船而敛裾。

可见当时嬉游的光景了。这真是有趣的事，可惜我们现在早已无福消受了。于是又记起西州曲里的句子：

采莲南塘秋，莲花过人头；低头弄莲子，莲子清如水。

今晚有采莲人，这儿的莲花也算得“过人头”了；只不见一些流水的影子，是不行的。这令我到底惦着江南了。——这样想着，猛一抬头，不觉已是自己的门前；轻轻地推门进去，什么声息也没有，妻已睡熟好久了。

四、独 白

罗密欧与朱丽叶

选自《莎士比亚全集》第一集

朱丽叶：再会！上帝知道我们将在什么时候相见。我觉得仿佛有一阵寒颤刺激着我的血液，简直要把生命的热流冻结起来似的；待我叫她们回来安慰我，奶妈！——要她到这儿来干吗？这凄惨的场面必须让我一个人来扮演，来，药瓶，要是这药水不发生效力呢？那么我明天早上就必须结婚吗？不，不，这把刀会阻止我；你躺在那儿吧。（匕首置枕边）也许这瓶里是毒药，那神父因为已经替我和罗密欧证婚，现在我再跟别人结婚，恐怕损害他的名誉，所以有意骗我服下去毒死我；我怕也许会有这样的事；可是他一向是众所公认的道高德重的人，我想大概不至于；我不能抱着这样卑劣的思想。要是我在坟墓里醒了过来，罗密欧还没有到来把我救出去呢？这倒是很可怕的一点！那时我不是要在终年透不进一丝新鲜空气的地窖里活活闷死，等不到我的罗密欧到来吗？即使不闷死，那死亡和长夜的恐怖，那古墓中阴森的气象，几百年来，我祖先的尸骨都堆积在那里，入土未久的提伯尔特蒙着他的殓衾，正在那里腐烂；人家说，一到晚上，鬼魂便会归返他们的墓穴；唉！唉！要是我太早醒来，这些恶臭的气味，这些使人听了会发疯的凄厉的叫声；啊！要是我醒来，周围都是这种吓人的东西，我不会心神迷乱，疯狂地抚弄着我的祖宗的骨骼，把肢体溃烂的提伯尔特拖出了他的殓衾吗？在这样疯狂的状态中，我不会拾起一根老祖宗的骨头来，当作一根棍子，打破我的发昏的头颅吗？报复他的一剑之仇吗？等一等，提伯尔特，等一等，罗密欧，我来了！我为你干了这一杯！（倒在幕内的床上）

哈姆莱特

选自《莎士比亚全集》第九集

哈姆莱特：生存还是毁灭，这是一个值得考虑的问题；默然忍受命运的暴虐的毒箭，或是挺身反抗人世的无涯的苦难，通过斗争把它们扫清，这两种行为，哪一种更高贵？死了；睡着了；什么都完了；要是在这一种睡眠之中，我们心头的创痛，以及其他无数血肉之躯所不能避免的打击，都可以从此消失，那正是我们求之不得的结局。死了；睡着了；睡着了也许还会做梦；嗯，阻碍就在这儿：因为当我们摆脱了这一具朽腐的皮囊之后，在那死的睡眠里，究竟将要做些什么梦，那不能不使我们踌躇顾虑。人们甘心久困于患难之中，也就是为了这个缘故；谁愿意忍受人世的鞭挞和讥嘲、压迫者的凌辱、傲慢者的冷眼、被轻蔑的爱情的惨痛，法律的迁延、官吏的横暴和费尽辛勤所换来的小人的鄙视，要是他只要用一柄小小的刀子，就可以清算他自己的一生？谁愿意负着这样的重担，在烦劳的生命的压迫下呻吟流汗，倘不是因为惧怕不可知的死后，惧怕那从来不曾有一个旅人回来过的神秘之国，是它迷惑了我们的意志，使我们宁愿忍受目前地磨折。不敢向我们所不知道的痛苦飞去？这样，重重的顾虑使我们全变成了懦夫，决心的赤热的光彩，被审慎的思维盖上了一层灰色，伟大的事业在这一种考虑之下，也会逆流而退，失去了行动的意义，且慢！美丽的奥菲利娅——女神，在你祈祷之中，不要忘记替我忏悔我的罪孽。

思考题

1. 举例说明轻声与重音处理得当后所起到的艺术效果。
2. 举例说明“停顿”在歌唱语言中的重要意义。
3. 歌唱语言与口语、朗诵有哪些共同和不同之处？
4. 通过课堂朗诵练习，你目前最大的收获是什么？

第九章　歌唱语言中“字点”与“声位”的辩证关系

第八章中我们论述了歌唱语言与朗诵、口语的关系，它们之间既有相同之处，又有许多不同之处。本章所要论述的，是歌唱语言中“字点”与“声位”的辩证关系。

第一节　“字点”与“声位”的不同作用

任何一个汉字都是由声母和韵母组成的。只不过有些字是单韵母，有些字是复合韵母罢了。声母在歌唱语言中是字的字头部分。在歌唱过程中，字头如果咬的过重，过死，过长，都会给人以不舒服的感觉。这是因为在21个声母中（不包括零声母）只有m、n、l、r四个声母是浊辅音(声带振动)，而其余17个声母都是清辅音（声带不振动）。清辅音在音乐中可称为是噪音，因此，在歌唱中不宜扩充和延长。但声母又是字音准确的基础，绝不容忽视。所以要熟练掌握每个声母成阻、持阻的部位和除阻时短促、有力而富有弹性的技巧。而韵母是字的字腹，字尾部分，在音乐中属于乐音部分，也是发声，行腔的主要部分，所以在歌唱中，应尽量将字腹扩充和延续，使其丰满、圆润。然后准确、迅速、轻巧地吐出字尾，归韵收声。

声母阻气，着力，发音于唇、牙、齿、舌、喉这五大部位。虽然韵母发音时，口腔有开、齐、合、撮四种变化，但韵母发音却只有一个位置，即在口腔的悬雍垂（俗称小舌头）后面的后鼻管处。由此可见声母和韵母在歌唱中，无论是在时值的长短上，还是在发音、着力点上大相径庭。所以产生了

“字点”与“声位”之说。

字点——歌唱语言中声母发音、着力的位置。

声位——歌唱语言中韵母发音、延续的位置。

二者绝不可混淆或相互替代。

“字点”求字头不求声音。“声位”求声音不包字头。这就是“字点”和“声位”的不同作用。笼统地要求声音靠前或盲目地提倡声音靠后，以及随之而来的以字代声或以声包字的现象，就是混淆了“字点”与“声位”二者不同作用的结果。

第二节　“字点”如何向“声位”转换

“字点”的变化灵活多样，纷繁而无规律与“声位”很少变化（尽管吐不同韵母时，口腔有开、齐、合、撮的变化，但喉咽腔必须保持打开和相对稳定的状态）形成了矛盾。如何解决这一矛盾，做好“字点”向“声位”的转换呢？

首先要咬准、咬清楚字头，字头就是声母。声母因其自身的原因，在歌唱中不宜扩充和延续，因此，在准确的部位上成阻、持阻后，除阻要短促、有力，富有弹性，同时应注意气息不宜过多、过猛，口腔动作不宜过大，尽量减少不参与成阻、持阻、除阻肌肉的紧张和运动。

其次是以不变应万变。声母在向韵母转换时，非常重要的一点即：保持“声位”——后鼻管、软腭和喉咽腔吸气时打开，竖起的状态稳定性。无论声母成阻、持阻、除阻在唇、牙、齿、舌、喉什么部位，口腔和舌位有什么变化，“声位”都应保持相对的不变。以不变应万变，则通则稳。一旦失去“声位”的不变状态，必然会声跌字落。因为“声位”如果也像“字点”那样灵活多变的话，会破坏喉咽腔上接头腔，下连胸腔的竖起，打开状态。其结果必将造成声音的里出外进，极不统一。从而也就谈不到“声如串珠”，“珠圆玉润”的艺术效果。

“声位”的不变与相对稳定，为声音在正确科学的气息支持下，使基音在人体内通过骨骼和肌肉的传导到头腔、胸腔产生共鸣创造了有利条件。从而使基音产生了三个共鸣腔体联合共鸣后的洪大音量，同时也避免了出现有字无声的现象。

再次是归韵收声。字不归韵要走形，归韵太早也不行。因为，如果只做到了咬准、咬清楚字头，保持“声位”的不变与相对稳定，同样完成不好“字点”向“声位”的转换。一般来说，只要韵母不变，不管音符和节奏有多么纷繁复杂的变化，归韵时要做到“三个不变，一个不断”，即口咽腔状态不变，口腔的着力点不变，“声位”不变，气息不断。让归韵韵母在气息的带动下，尽量向头腔输送，从鼻腔流向体外。切不可吐于口外，造成白、散、空的现象。同时应注意：归韵韵母应在该字音符时值的最后一刹那，准确、灵活的归进后鼻管后，通过鼻腔的过滤向体外流出。避免因归韵过早，或归韵不准或过重而造成字的走形。

有些人在演唱咪（mi）、你（ni）、席（xi）、哩（li）这类以单韵母“i”结尾的字时，出现扁、挤、白的现象，主要是只注重了声母咬在“字点”上，而忽视了韵母要归到“声位”上。另外没有掌握唱“i”韵母时，口腔状态应做到二齿之间一指宽，舌头悬在半中间的演唱技巧。口腔过扁，舌位没有居中，致使“字点”与“声位”之间不畅通，归韵韵母没能归到“声位”并从鼻腔送到体外所造成的。古人云：“欲知宫，舌居中；欲知商，口大张……”讲的就是这个道理。

第三节 必须建立科学、正确的呼吸方法

“字正腔圆”的歌唱必定是建立在科学、正确的呼吸方法基础之上的。气息不够，韵母不能在“声位”上得到充分的扩充和延续，会造成有字无声。气息过猛，失去控制，声母被冲散走形，则造成字声皆无。

在咬吐字头时，气息要有一种突破障碍的爆发力。而这种爆发力应点到为止，一触即松。使字头达到咬而不死，吐而不散的最佳效果。字头向字腹、字尾转换时，要控制住气息，均匀不断地将韵母输送到“声位”上，并使其得到最充分地延续和扩充。因此，要处理好歌唱中“字”与“声”的辩证关系。培养建立科学、正确的呼吸方法，是必不可少的一个关键环节。

总之，歌唱中“字”与“声”是既互相对立，又互相统一；既互相排斥，又相辅相成的矛盾关系。只要掌握歌唱语言的特点和规律，明确认识到歌唱中“字点”和“声位”的不同作用。注意把握“字点”向“声位”转换时“声位”保持相对的不变。建立科学、正确的呼吸方法。在歌唱中解决“字”与“声”的矛盾，做到“声中无字，字中有声”，达到“珠圆玉润”、“字正腔圆”也并非是一件难事。

思考题

1. 举例说明“字点”与“声位”的不同作用。
2. 如何做好“字点”向“声位”的转换。

第十章　歌唱语言的民族传统技法

歌唱语言的民族传统技法，就是从古至今我国从事演唱艺术的前辈们，总结归纳出来的有关咬字吐字、归韵收声、发声用气的规律和方法。

我国民族传统演唱艺术家们十分重视对语言的研究，绝不是孤立的讲求声音美，而是从中国的实际情况出发，首先从掌握语言的规律入手。因此它的教学是不脱离语言基础的，它的声音训练总是与语言结合着，这就不至于将声音与语言割裂开来。因为声音的美必须蕴含着丰富的感情色彩，而丰富的感情色彩只有通过语言才可能得到准确、生动的体现。也就是说声音训练最终是以表现语言的感情为目的，才可能获得真正具有艺术价值的声音美。正如李焕之先生在《论如何发展民族的声乐艺术》一文中所论述的："'声乐'所包含的意义是:人类按照一定的方式用声音美来表现人的思想感情，表现人的意志和希望。声音是一种物质的运动，它是从人体的生理机能产生出来的，所谓声音的美就是基于自然的生理条件上的人类思想感情的集中表现。"而这种表现正是以语言为依据的。人类的语言或语种虽然不同，但对声乐的审美观点却基本上是相同的。因此不论世界上任何一个民族的声乐表演艺术家或任何一个声乐学派，在声乐的艺术实践与教学中，都非常重视歌唱语言的创造功能和歌唱语言的教学与训练。

波伦亚学派培养出的卓越的歌唱家和声乐教育家培特罗·托西（1647—1727）曾明确指出："如果一个歌唱者咬字不清的话，他就无法使听众获得歌唱中来自歌词的大部分美妙之处；

这样一来,他的歌唱也就失去了感染力。如果歌词唱不清楚的话,那么人的嗓音和短号或双簧管的声音就没有什么差别了。这个缺点是很严重的,但是现在不少人都有这个缺点。然而歌唱者不应当忘记,只有借助于歌词他们才能够胜过器乐家……纠正咬字方面的缺点这一工作过去从未像今天这样有必要。”(苏·那查连科《歌唱艺术》37页)他把声乐与器乐的原则性区别论述得十分透彻。

十九世纪意大利杰出的声乐教育家弗郎车斯科·兰培尔蒂(1813—1892)也强调:“一个歌唱者身上即使集中了为取得高度艺术成就所必须的天赋资质,但他若没有掌握正确的咬字,他仍然会感到自己无活动的能力,而且永远不可能达到完美的境地。”(详见苏·那查连科《歌唱艺术》142页)他明确提出了即使声音或音乐素质的条件无与伦比,如没有掌握准确表现歌唱语言的能力,同样不可能使声乐艺术达到完美的境地。

十八世纪德国瓦格纳派著名女高音歌唱家利丽·雷曼也曾这样论述了歌唱语言的重要作用:“她们之中是否有一个能够准确无误清楚地发她本国语言的语音,正如舞台上所要求的那样呢?许多人认识不到,她们应当首先由这样的教师教会她们的朗诵法:这些教师能够向他们表演怎样把元音发得纯而美,把辅音发的正确而清楚,以便使那些字有适当的音。任何人当他对本国语言一无所知——对舌头怎么用一无所知——更不用说当他在说话时有许多可怕的毛病的时候,怎么能期望用外国语唱歌呢?我赞成把朗诵法的学习当作一切歌唱的预备课来学。没有人认识到:它将使声乐教师的工作变得多么简单和有效率得多。”(《名歌唱家论艺术》)

《诗经》是我国历史上最早的一部诗歌集。集诗三百篇,篇篇都有韵可押，就是为了适应歌唱的需要，可见在三千年前的周朝起，我国的艺术家们就非常注重音韵和歌唱的关系。

北宋著名科学家沈括在其《梦溪笔谈》第五卷的乐律九十二条中写道："古之善歌者有语，谓'当使声中无字，字中有声'。凡曲、止是一声清浊高下如萦缕耳，字转有喉唇舌等音不同，当使字字举本皆轻圆融入声中，令转换处无磊块，此谓'声中无字'，古人谓之'如贯珠'，今谓之'善过渡'是也。如宫声字而曲合用商声，则能转宫为商歌之，此谓'字中有声'也，善歌者谓之'内里声'。"也就是说，在歌唱过程中应当使每个字的发音、落韵、收音清晰圆润，完全融化在歌声中，转腔换字之间纯净无杂音，听不出字与字之间转换时的变化，使歌声"如贯珠"般的圆润而连贯，即"声中无字"。在歌唱时，字与旋律、音高很贴切的融为一体，既不因旋律、音高的规定把字唱走形，又不因字的"四声"要求、"五音"、"四呼"的变化而破坏旋律、音高的规定，使字成为"内里声"——音乐化的有声字，即"字中有声"。沈括的这段论述，把歌唱过程中字与声的关系进行了辩证的论述。

明朝魏良辅在《曲律》中强调："曲有三绝：字清为一绝；腔纯为二绝；板正为三绝。"其中"字清"与"腔纯"就是指字正腔圆的关系。字清是指发声准确，字音清晰无误，而腔纯是指在依字行腔时，字头、字腹、字尾虽经出字、引长、收音等过程仍能纯净圆润，无异质杂音。即如《顾误录》（清 王德晖　徐沅澄）中所言："由字头轻轻发音，渐转字腹，徐归字尾，其中运化，既贵轻圆，犹须熨帖。""字到口中，须要留顿，落腔须要简净。曲之刚劲处，要有棱角；柔软处，要能圆湛。"声要圆熟，腔要彻满，字要准确纯净，正是构成歌唱语言美的基本条件。

清朝李渔在其《闲情偶寄》的《字异模糊篇》中更为明确地指出："学唱之人，勿论巧拙，只看有口无口；唱曲之人，慢讲精粗，先问有字无字。字从口出，有字即有口；如出口不分明，有字若无字，是说话有口，唱曲无口，与哑人何异哉？"

中外的前辈艺术家们对歌唱语言如此重视，足见它在歌唱艺术中的重要地位。其实关于歌唱语言的咬字（字头部分）吐字（字腹部分），收字归韵（字尾部分）的规律，我国的艺术宝库早已为我们积累了丰富的经验和宝贵的财富，值得我们学习和借鉴。现将与歌唱语言有关的我国民族传统技法介绍如下：

第一节　五　音

根据汉语普通话声母发音着力的部位和特点，将所有声母归纳为唇、牙、齿、舌、喉五种类别（古人将上下门牙称为齿，其余的那部分牙称为牙）。研究这五个部位的发音方法称为五音。发音方法是指发音器官活动部分与固定部分接触的阻塞与突破气流的方法。声母在发音时分三个阶段：

①成阻：发音部位形成阻塞，阻住气流，成阻部位必须准确。

②持阻：阻塞持续阶段，要求持阻控制有力。

③除阻：解除阻塞，要求短促、干脆、有力而富有弹性。

声母的成阻、持阻、除阻在发音时是短暂而完整的，它与歌唱时每个音节发声的气息控制有很大关系。是字音准确的基础。

1. 唇音

发音时上下唇或上齿下唇成阻着力，喷吐气流而成声。属于唇音的声母是：b、p、m、f。

b：上下唇紧闭成阻、持阻，关闭鼻腔通道，然后打开双唇除阻，气流爆发成声。不送气清塞音。

p：与 b 相同，但发音时气流较强，送气清塞音。

发这两个音时，口腔其他部位保持自然状态。

m：双唇闭合成阻，打开鼻腔通道，气流同时到达口、鼻腔，在双唇后持阻，声带振动，气息从鼻腔流出成声，浊鼻音。

f：下唇向上齿靠拢成阻，关闭鼻腔通道，气流在齿唇后持阻，下唇突然离开上齿除阻，气流从齿唇形成的间隙摩擦流出成声。齿唇清擦音。

·练习·

（1）音素发音练习

b b | p p | m m | f f | b b b b |

p p p p | m m m m | f f f f |: b p m f |

f b m b :| b - | p - | m - | f - |

（2）字音练习

b：宝贝、白布、辨别、奔波、颁布、标兵。

p：批评、乒乓、琵琶、澎湃、爬坡、碰破。

m：买卖、面貌、美满、渺茫、梦寐、迷蒙。

f：芬芳、丰富、方法、反复、吩咐、肺腑。

（3）音阶发声练习

	5	4	3	2	1 -
b:	伯	伯	掰	饽	饽
p:	婆	婆	拍	皮	袍
m:	妈	妈	买	馍	馍
f:	吩	咐	发	肺	腑

（4）行腔咬字练习

《黄 河 颂》

①1=C $\frac{3}{4}$

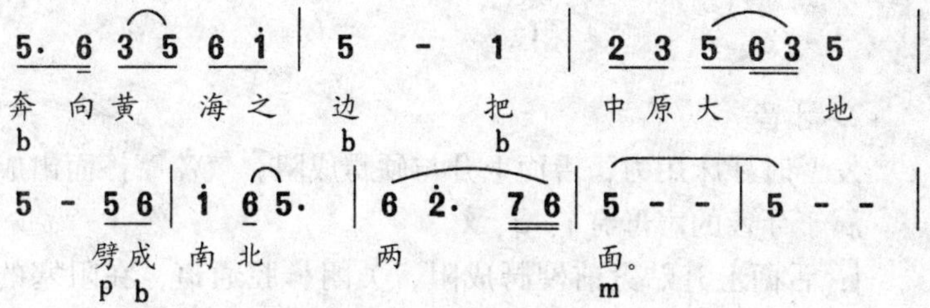

《草原上升起不落的太阳》

②1=^{b}B $\frac{2}{4}$

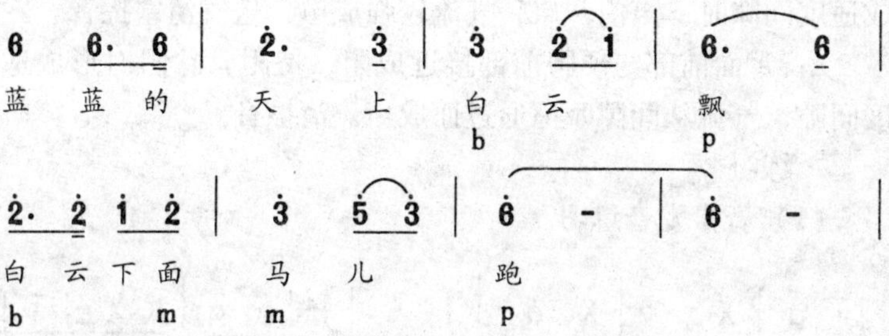

《驼 铃》

③1=F $\frac{4}{4}$

《乡间的小路》

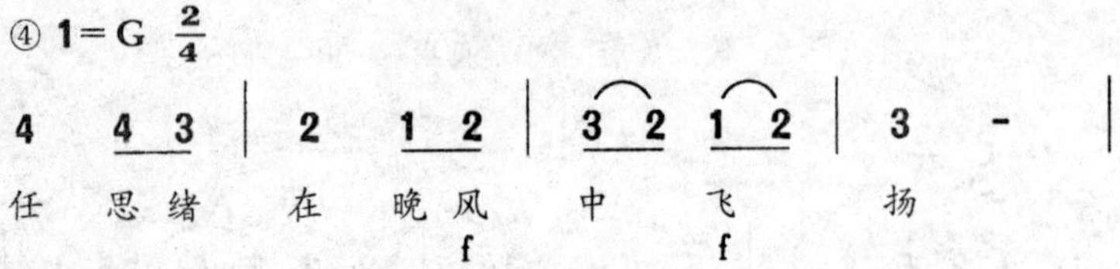

2. 牙音

发音时牙床用力，舌面上升与硬腭成阻，气流摩擦而出成声。属于牙音的声母有 j、q、x。

j：舌面上升贴紧前硬腭成阻，关闭鼻腔通道，在阻塞的部位后积蓄气流持阻，突然除阻时在阻塞部位之间保持适度的间隙，让气流从间隙摩擦流出而成声。不送气清塞擦音。

q：成阻阶段与 j 相同，不同的是当舌面与前硬腭分离形成适度间隙时，声门开启，气流较强成声，送气清塞擦音。

x：舌面前部与硬腭前部接近成阻，持阻，除阻时形成适度间隙，气流从间隙摩擦通过而成声。清擦音。

· 练习 ·

（1）音素发音练习

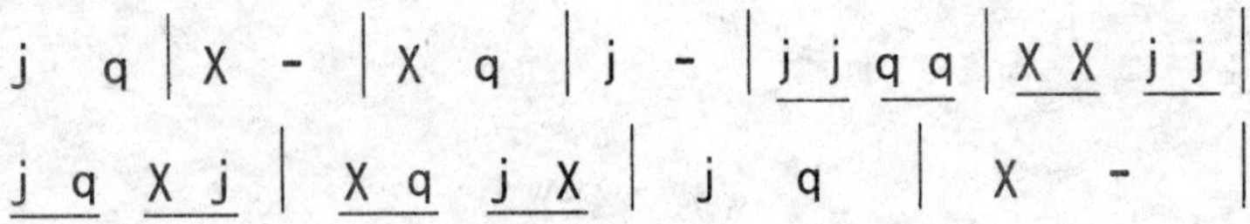

（2）字音练习

j：季节、拒绝、阶级、交接、境界、矫健。

q：崎岖、恰巧、请求、确切、秋千、情趣。

x：详细、虚心、想象、学习、新鲜、喜讯。

（3）音阶发声练习

1　3 | 5　1̇ | 5　3 | 1　- |

j: 姐　姐　击　剑　急。
q: 青　青　骑　轻　骑。
x: 小　肖　下　湘　西。

（4）行腔咬字练习

《黄 河 颂》

① 1=C $\frac{2}{4}$

2 3 1̇ 1̇ 2̇ 6 | 0 5 3 5 | 1̇ 2̇ 1̇ 6 1̇ | 5　- |

你是伟大坚强！　像一个　巨　　人
　　　　j q　　　x　　　j

《边疆的泉水清又纯》

② 1=D $\frac{2}{4}$

5 5 6 5 3 2 1 | 6 1 2 1 1 | 1̇ 1̇ 2̇ 2̇ 1̇ 6 5 | 5 6 5 5 |

清清　泉　水　流　不　尽，声声　赞　歌　唱亲　人。
q q　q　　　　　　　　j　　　　　　　　q

《松花江上》

③ 1=♭E $\frac{3}{4}$

1· 3 5　- | 1̇　1̇· 5 6· 5 | 6　5　- |

我　的　家　　在　东　北　松　花　江　上，
　　　j　　　　　　　　　　　　　　j

3. 齿音

发音时上下齿着力，舌尖与硬腭前部或上齿背成阻、持阻，气流从除阻的间隙中摩擦成声。属于齿音的声母有：zh、ch、sh、r、z、c、s。

zh：舌尖轻抵硬腭前端，关闭鼻腔通道，在形成阻塞的部位后积蓄气流，突然除阻时，在原形成阻塞部位之间保持适度间隙，气流摩擦通过出声。不送气清塞擦音。

ch：成阻持阻阶段与 zh 相同，不同的是在除阻时，声门开启，伴有较强气流成声。送气清塞擦音。

sh：舌尖接近硬腭前端，形成适度间隙，关闭鼻腔通道，气流从间隙摩擦通过成声。舌尖后清擦音。

r：成阻、持阻、除阻与 sh 相同，不同的是发音时声带振动。舌尖后浊擦音。

z：舌尖抵住上齿背形成阻塞，在阻塞的部位后积蓄气流，关闭鼻腔通道，突然除阻时在舌尖和上齿背间保持适度间隙，气流从间隙通过成声。不送气清塞擦音。

c：成阻、持阻阶段与 z 相同，不同的是突然除阻时，声门开启，同时伴有较强气流通过成声。送气清塞擦音。

s：舌尖接近上齿背，形成间隙，关闭鼻腔通道，气流从间隙通过摩擦成声。清擦音。

·练习·

（1）音素发音练习

zh ch | sh r | z c | s r | z z zhzh |

c c chch | r r shsh | zh - | ch - | sh - |

r - | z - | c - | s - | r - |

（2）字音练习

zh：政治、主张、茁壮、正直、驻扎、庄重。

ch：冲床、沉船、驰骋、戳穿、长城、赤诚。

sh：舒适、少数、水手、收拾、神圣、施舍。

r：仍然、容忍、柔软、人仁、荣任、如若。

z：自造、总则、祖宗、遭灾、栽赃、租子。

c：猜测、粗糙、催促、层次、草丛、措辞。

s：思索、色素、松散、琐碎、速算、酸涩。

（3）对比辨音练习

① zh 与 z

摘花——栽花　知识——姿势　竹子——卒子

昼夜——奏乐　主力——阻力　找到——早到

战歌——赞歌　照耀——造药　棉纸——棉籽

志在——自在　姓周——姓邹　制止——字纸

② ch 与 c

乱吵——乱草　木柴——木材　上城——上层

赤豆——次豆　推迟——推辞　插图——擦涂

饮尝——隐藏　水潮——水槽　初步——粗布

持续——词序　川江——窜江　纯心——存心

③ sh 与 s

打闪——打伞　山歌——三哥　叙述——告诉

收集——搜集　商业——桑叶　数目——肃穆

输油——酥油　诗人——私人　和善——合散

午睡——五岁　史记——死记　沙坝——撒把

（4）音阶发声练习

1 2 3 | 3 4 5 | 5 6 5 4 | 3 2 1 |

zh:	只	知	捉	蜘	蛛，	只	知	捉	蜘	蛛，
ch:	车	床	愁	生	产，	车	床	愁	生	产，
sh:	史	实	是	事	实，	史	实	是	事	实。
r:	溶	溶	仍	忍	让，	溶	溶	仍	忍	让。
z:	走	卒	怎	自	责，	走	卒	怎	自	责。
s:	三	嫂	送	笋	丝，	三	嫂	送	笋	丝。
c:	曹	操	错	猜	测，	曹	操	错	猜	测。

（5）行腔咬字练习（注意舌尖后音与舌尖前音的区别）

《渔 光 曲》

① 1=G $\frac{4}{4}$

3 - - 2 | 6 - - 2 | 1 - - 6 | 5 - - - |

鱼 儿 藏 在 水 中

c z sh zh

6 - - 5 | 1 - 1 6 | 5 - - 3 5 | 6 - - - |

早 晨 太 阳 是 晒 鱼 网

z ch sh

《我的中国心》

② 1=D $\frac{4}{4}$

6· 3 2 3 1 7 | 6 - - 0 | 3 6 5 3 2 1 2 | 3 - - 0 |

洋 装虽然穿在 身， 我心 依然是中国 心。

zh s r ch z sh r sh zh

《乘着歌声的翅膀》

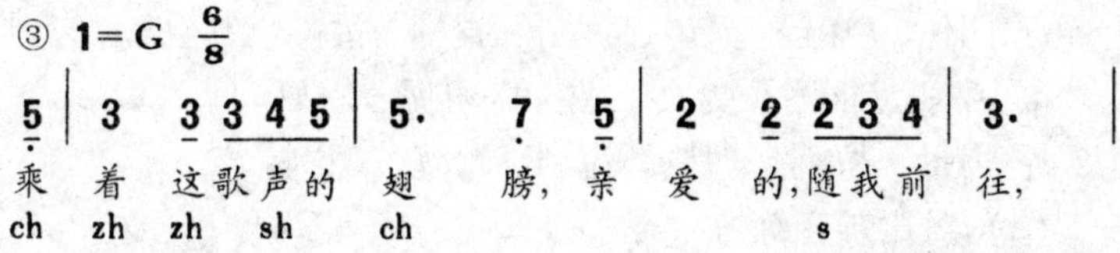

4. 舌音

发音时舌尖与上齿龈成阻、着力，弹擦而成声。属于舌音的声母有：d、t、n、l。

d：舌尖抵住上齿龈，形成阻塞，关闭鼻腔通道，气流到达口腔蓄气持阻，突然除阻舌尖很有弹性的放松成声。不送气清塞音。

t：成阻、持阻阶段与 d 相同，不同的是除阻时声门大开，从肺部呼出较强气流成声。送气清塞音。

n：舌尖抵住上齿龈，形成阻塞，打开鼻腔通道，气流同时到达口、鼻腔，在口腔持阻、除阻时，舌尖离开上齿龈，声带振动，气息从鼻腔流出成声。浊鼻音。

l：舌尖抵住上齿龈与上腭交界处，阻塞口腔中路通道，关闭鼻腔通道，气流到达口腔持阻、除阻时，舌尖离开持阻部分，声带振动，气流从舌头与两颊内侧形成的空隙通过成声。浊边音。

·练习·

（1）音素发音练习

d d | t t | n n | l l | dt dt |

nl nl | dtdtdtdt nlnlnlnl | dtdtnnl nlnlddt |

（2）字音练习

d：道德、等待、大豆、当代、丢掉、独断。

t：团体、挑土、探讨、贪图、提桶、妥帖。

n：牛奶、能耐、男女、泥泞、忸怩、农奴。

l：力量、罗列、理论、流利、玲珑、凛冽。

（3）对比辨音练习（n——l）

女客——旅客　男子——篮子　年长——连长

脑子——老子　老农——老龙　那月——腊月

新娘——新郎　难住——拦住　送你——送礼

水牛——水流　眼内——眼泪　泥巴——篱笆

（4）音阶发声练习

| 5 3 1 | 5 3 1 | 5 4 3 2 | 1 - |

d：雕 叨 刀，　雕 叨 刀，　雕 叨 刀 叨　掉。

t：筒 捅 桶，　桶 捅 筒，　筒 捅 桶 捅　通。

n：妞 妞 扭，　扭 妞 妞，　妞 妞 念 奶　奶。

l：姥 姥 老，　老 姥 姥，　姥 姥 恋 兰　兰。

（5）行腔咬字练习

《驼　铃》

① 1＝F $\frac{4}{4}$

5 0 3 3· 2 1 | 1 6 5 6 - | 1· 2 3 5 |

任　重道　远　多艰　险，　耳　边响　起

　　d　　　d

$\dot{1}$ 6 5 3 5 3 2 3 | 2 - - - |

驼　　铃　　　声。

t　　l

《敬爱的周总理，人民的好总理》

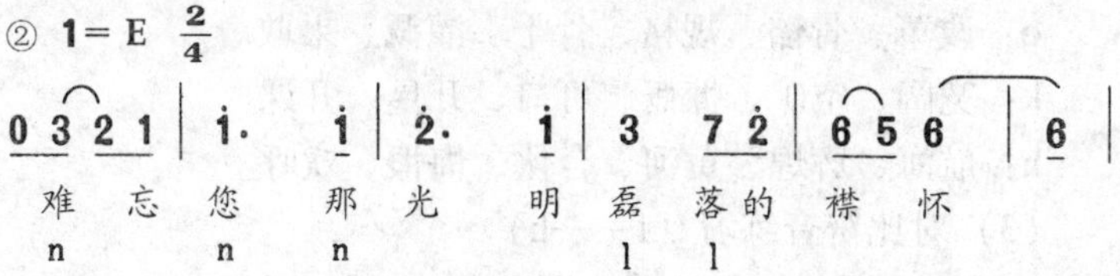

《拜 年 歌》

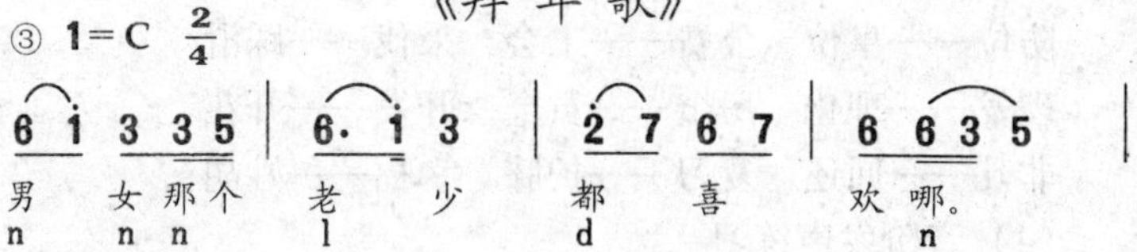

5. 喉音

发音时舌面后部隆起与软腭和硬腭交界处成阻、持阻、着力、塞擦而成声。属于舌音的声母有 g、k、h。

g：舌面后部隆起抵住硬腭和软腭交界处，形成阻塞，关闭鼻腔通道，气流在形成阻塞的部位积蓄，突然除阻成声。不送气清塞音。

k：成阻、持阻阶段与 g 相同，除阻时声门大开，从肺部呼出一股较强气流成声。送气清塞音。

h：舌面后面隆起接近硬腭和软腭的交界处，形成适度间隙，关闭鼻腔通道。使气流从形成的间隙摩擦通过成声。清擦音。

·练习·

(1) 音素发音练习

g - | k - | h - | h - | k - |

g - | gg kk | hh gg | hh kk | gg hh |

gk hg | hk gh | g k | h h | k g |

(2) 字音练习

g：改革、骨骼、规格、骨干、灌溉、果敢。

k：宽阔、空旷、慷慨、可口、开垦、开课。

h：航海、辉煌、黄河、合伙、悔恨、欢呼。

(3) 对比辨音练习（f——h）

一方——易慌　纷乱——混乱　缝衣——红衣

防位——皇位　公费——工会　采伐——踩滑

理发——理化　房金——黄金　开发——开花

非凡——回还　复习——护膝　幸福——姓胡

(4) 音阶发声练习

1 2 3 4 | 5 4 3 2 | 1 - |

g: 敢 干 挂 桂 冠。

k: 坎 坷 靠 刻 苦。

h: 好 汉 获 红 花。

(5) 行腔咬字练习

《阳关三叠》

① 1＝F $\frac{4}{4}$

16 66 6 6 | 6 - 6· 1 32 | 1 2 2 - |

劝君更进一 杯 酒， 西 出阳关 无 故 人

g g g

《清粼粼的水来蓝莹莹的天》

② 1＝G $\frac{2}{4}$

2 032 | 72352 | 32 356 | 56321 |

二 黑哥 县里去开 英 雄 会

h g k h

《桂花开放幸福来》

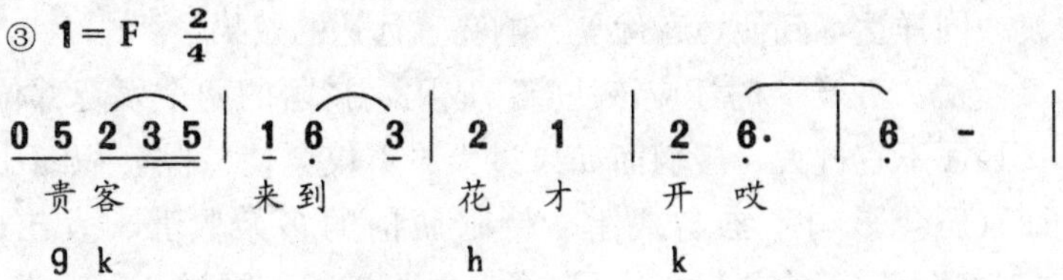

《大 路 歌》

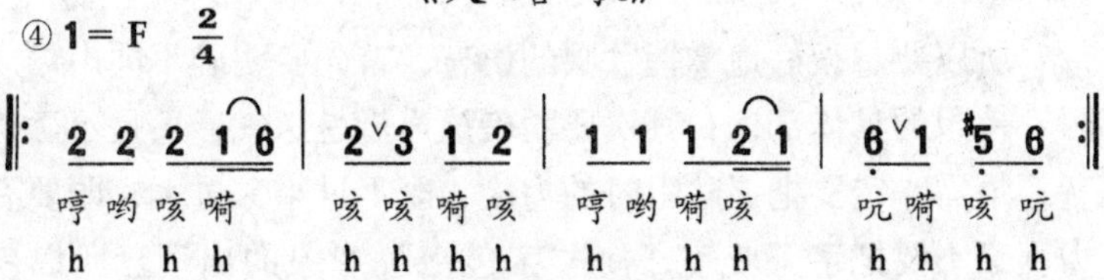

五音口诀

唇、牙、齿、舌、喉，发音着力叫五音。

唇音在唇间，牙音在牙边，

齿音在齿前，舌音在舌尖，

喉音在喉前，咬字如琢、如磨、如砌|如磋。

咬字千斤重，听者方动容。

b、p、m、f 属喷口，唇齿着力咬字首，

喷口气息勿过多，过多字死音也拙。

五音是出字之始，在歌唱语言中起着使字音清晰、准确、有力、响亮、远达的基础作用。我们经常听老艺人们讲：“咬字千斤重，听者自动容”，说的就是“五音”一定要用上一定的力度才能使整个字清晰无误，打动听众的心。如果除阻时没有一定的力度。即像有些老艺人讲的“嘴皮子松”就会造成

字音的含糊不清。但“五音”的力度也绝非是越大越好，力量过大会把“字头”咬死，影响“字点”向“声位”的过渡，同样达不到使声音优美、响亮、远达的效果。

发“五音”时还应该注意：成阻、持阻的两个发音部位，接触面不宜过大，接触面如果过大，不仅会使口腔容积缩小，而且还会影响不参与成阻、持阻肌肉的多余紧张，发出的“五音”不仅不够清晰，反而会显得很笨拙，同样会影响声音的质量。

所以要想很好地掌握歌唱的语言，首先要明确不同声母成阻、持阻的具体部位；其次要明确该声母是送气音还是不送气音；最后一定要把握除阻时的力度，既不过小又过大，既要有力度又不要把字头咬字，使“字包声”现象的出现。所以一定要做到：准确、有力、短促，一触即松。只有做到以上几点，才会纠正咬字不准，吐字不清的毛病，为吐字发声打下坚实的基础。

第二节 四 呼

如果说“五音”是指声母发音时阻气着力的部位，那么“四呼”就是指韵母发声时口咽腔活动和变化的过程。

清朝徐大椿在其《乐府·传声》中论到：“盖喉、舌、齿、牙、唇音，字之所从生；开、齐、合、撮者，字之所以出。喉、舌、齿、牙、唇，各有开、齐、撮、合。故五音为经、四呼为纬。”又云：“欲正五音，而不于喉、舌、齿、牙、唇处着力，则其音不真；欲准四呼，而不习开、齐、合、撮之势，则其呼必不清。”这段论述对“五音”和“四呼”做了精辟的高度概括。既说明了“五音”、“四呼”的含义和对咬字发声的重要作用，又说明了二者之间辩证统一的关系。由此可见熟练掌握“五音”、“四呼”对歌唱语音有着多么重要的促进作用。

1. 开口呼

打开牙关谓之开，其用力在于喉，平舌舒唇。韵母中以单元音 a、o、e 或以其开头的音节均属于开口呼。即：a、o、e、ai、ei、ao、ou、an、en、ang、eng、ong。开口呼的元音在发声时一定要注意：打开牙关，口腔的支点在上门齿上，下巴在骨骼带动肌肉的前提下，依靠本身的重量，自然、松弛地放下来。舌面不论处于口腔内什么位置，舌根都不能用力下压，要靠气息的支持在后鼻管处发声。

a：央低不圆唇元音。舌尖轻抵下齿背，口大开，舌面中部微微凹下（但不能造成下颌紧张）。舌面后部微微隆起和硬腭后部相对。可自成音节，如“啊”。

a 这个音在母音中是最响亮的音素。在歌唱语言中占有很大的优势，在音节中一经出现就是这个音节的主要母音，在歌唱时是引长和发挥三个腔体联合共鸣的重要音素。

o：后中圆唇元音。上下唇略拢圆，舌身比发 a 音时略后缩，舌面后部微隆起与软腭相对，可自成音节，如“喔”。发音时注意唇形控制，略圆即可，保持可伸进一个半手指的空隙。如果小了就变成了 u 音，扁了就成了 e 音。歌唱时，o 音易产生圆润的音色和共鸣效果。

e：后半高不圆唇元音。口半开，展唇，舌身略后缩，舌尖轻抵上齿龈，舌面后部稍隆起与软腭相对，位置比 o 元音略高而偏前，可自成音节，如“鹅”。歌唱时尽可能将上嘴角向上略抬，有助于声音的圆润。

·练习·

（1）音素发声练习

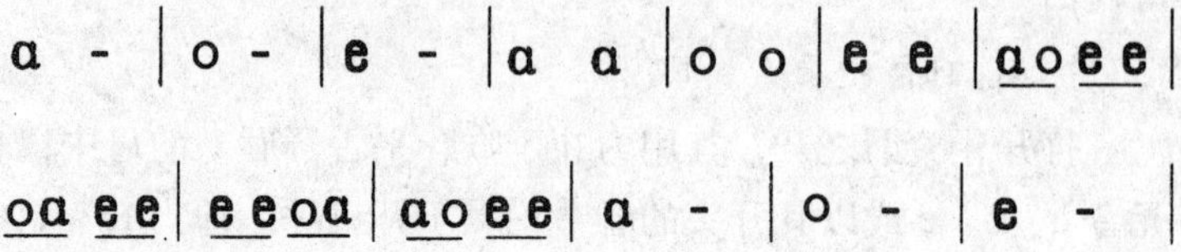

（2）字音练习

a：哈达、拉萨、喇叭、沙发、刹那、大妈。

o：饽饽、婆婆、伯伯、磨墨、薄膜、破钵。

e：歌德、合格、隔阂、折合、特色、客车。

（3）音阶发声练习

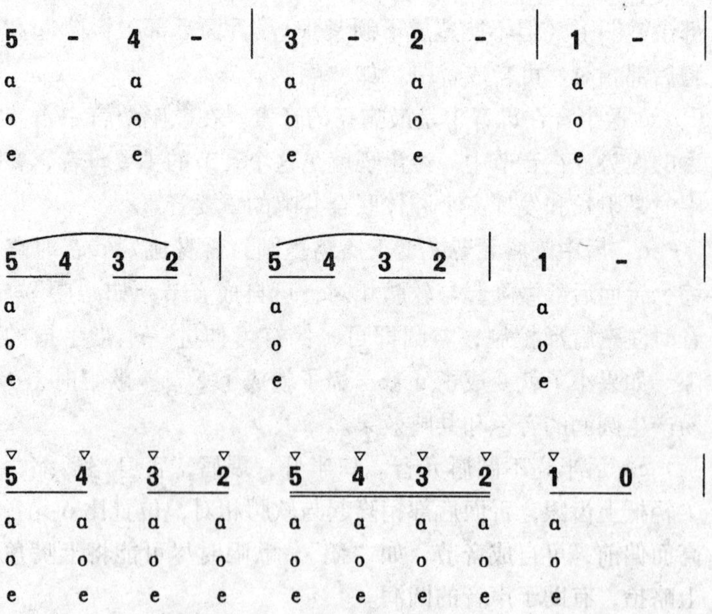

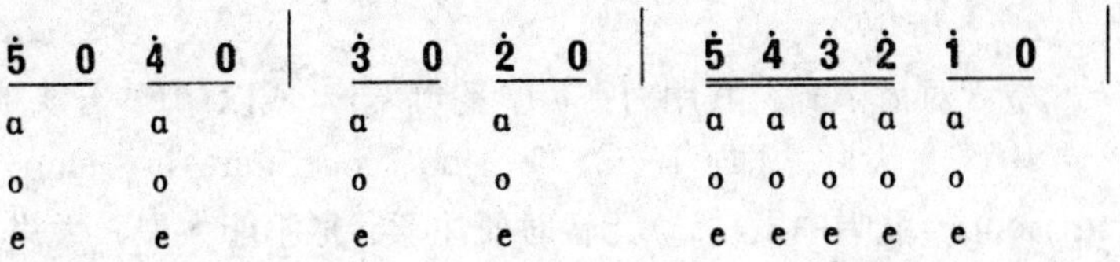

注：以上音阶发声练习，要求口形和舌位随着元音的变化而变化，准确而无误。控制气息的力度要随着音的高、低、长、短的变化而变化，要做到音高实而不喊，音低沉而不散。

（4）行腔吐字练习

《黑孩子赛琳娜》

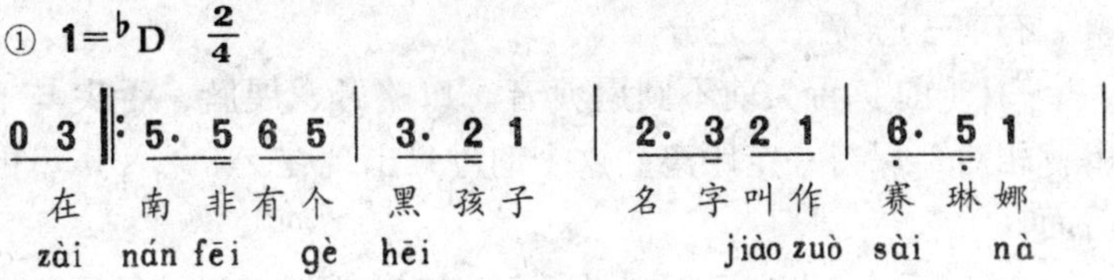

《回 娘 家》

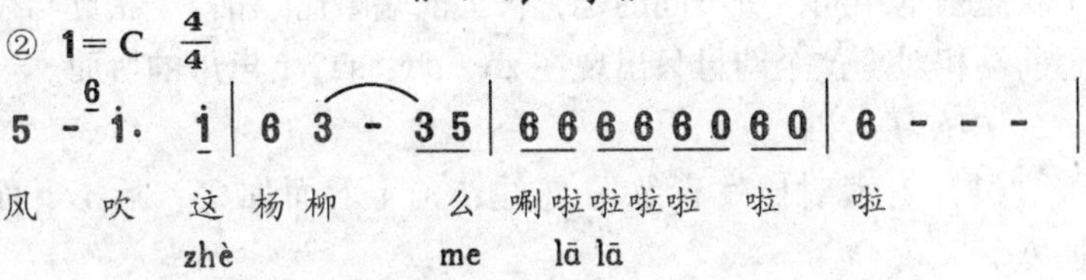

《珊 瑚 颂》

2. 齐齿呼

举舌对齿谓齐，其用力在齿。韵母“i”或以“i”开头的音节均属齐齿呼，即：i、iɑ、ie、iɑo、iou、iɑn、in、iɑng、ing、iong。歌唱中发“i”元音时要注意唇形不能太展，太扁，比发“e”元音时略展一点即可，上唇向上提起，露出四至六颗上门齿，上下齿之间应保持一指宽的距离。舌身整个上举，横向拉开，舌身后半部两侧贴住后面两边的各三颗槽牙，舌尖绝不能抵住下齿背，整个舌面与上腭形成一定的空隙。舌尖横拉，整个舌面保持相对的松弛。给气不给力，靠气息的支持在后鼻管处成声。绝不能将声吐于口外，而应在声流进后鼻管后，从鼻腔吐出。在前面加 y 后可自成音阶，如“衣”。韵母“i”有前—i、后—i 之分。

—i〔前〕舌尖前不圆唇元音。口略开、展唇，舌尖与上齿背相对，保持一定距离。这个韵母只出现在 z、c、s 声母的后面。

—i〔后〕，舌尖后不圆唇元音。与前“i”口腔、唇形、舌位状态基本相同，所不同的是，舌尖前端略比“前 i”抬起与硬腭前端相对。这个韵母只出现在 zh、ch、sh、r 声母的后面。

·练习·

(1) 音素对比发音练习（注：前 i 下面加○，后 i 下面加△）

① i - | i - | i - | i - | i i |
○ △ △ ○ ○ ○

i i | i i | i i | i i i i | i i i i |
△ △ △ △ ○ ○ △ ○ △ ○ ○ △ ○ △

1̇ 1̇ 1̇ 1̇ 1̇ 1̇ 1̇ 1̇ | 1̇ 1̇ 1̇ 1̇ 1̇ 1̇ 1̇ 1̇ | 1̇ 1̇ 1̇ |

△○△○△○△○　○△○△○△○△　○△　○

② zi：姿资滋子紫自

zhi：支枝之知直职植

ci：雌词祠辞慈瓷此

chi：吃池迟持齿耻尺

si：思私丝四寺祀

shi：诗师尸施失狮时

（2）对比辨音练习

恩——师　词——迟　字——纸　滋——之
○　　△　○　　△　○　　△　○　　△

辞——耻　姿——支　四——时　此——尺
○　　△　○　　△　○　　△　○　　△

（3）音阶对比练习

1	3	5	1̇	5	3	1
紫	瓷	私	自	私	紫	瓷
○	○	○	○	○	○	○
支	持	师	职	师	知	职
△	△	△	△	△	△	△

（4）行腔吐字练习

《毛主席永远和我们在一起》

① 1=♭E　4/4

1̇ 5 5· 3 5 1̇ 2̇ 1̇ | 1̇· 6 5 1̇ 3 3 2 1 |

金 瓶 似 的 小　山，　山 上 虽 然 没 有　寺，

jīn píng sì　xiǎo　　　　　　　　　　　sì

《思乡曲》

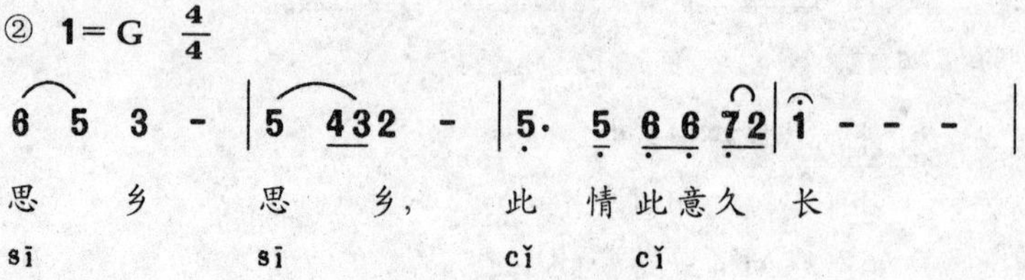

《江河万古流》

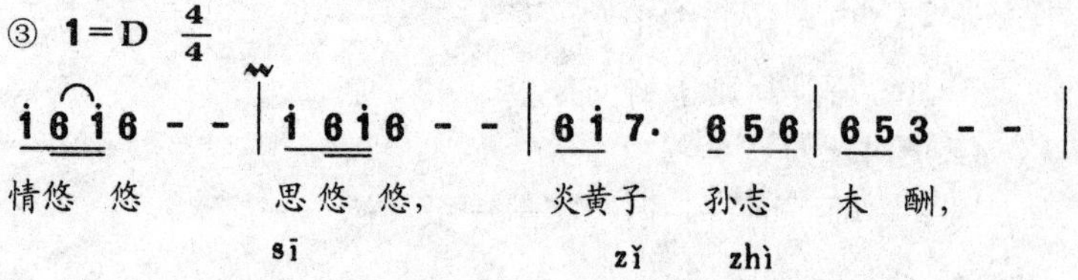

《是白过吗》

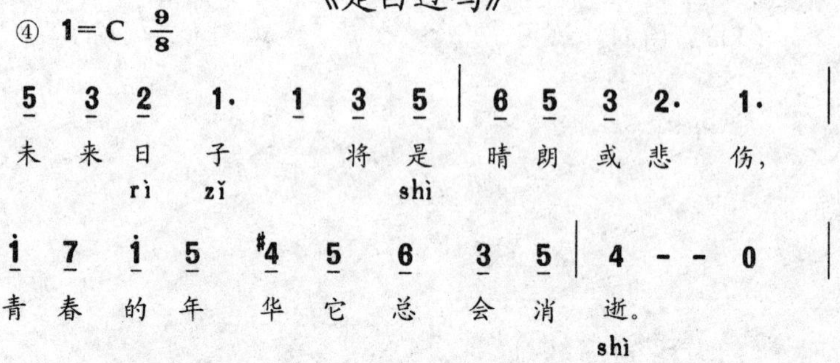

《清粼粼的水来蓝莹莹的天》

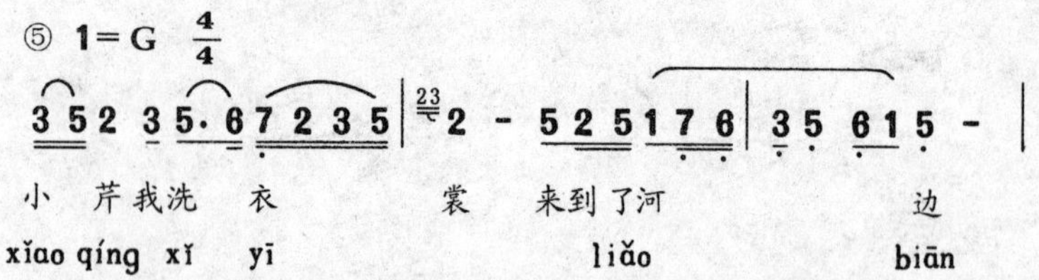

3. 合口呼

口唇拢圆谓之合，敛唇缩舌而成声，其用力在满口。凡是韵母 u 开头的音节，都属于合口呼。注意：合口呼缩舌时舌身保持相对松弛，绝不能因缩舌而造成紧张，否则将使声音位置降低，卡在喉咙或口腔里。另外在发合口呼时，不能只顾口形的圆合，用力在满口，使声音发在嘴唇上，造成声音位置的不统一。在发“合口呼”时，要注意喉、咽、鼻腔的充分打开，在气息的支持下，起音于后鼻管，使声音从鼻腔流向体外。歌唱语言中的“合口呼”，绝不同于口语中的“合口呼”，而是近似于“o”和“u”之间的状态。

u：后高圆唇元音。两唇收拢成圆形，略向前突出，舌身后缩，舌面后部高度隆起和软腭相对。

· 练习 ·

（1）音素发音练习

注意前音轻、短，后音重、长，体会发音时口形和舌位的变化过程。

u—ɑ—uɑ　u—ɑi—uɑi　u—ɑn—uɑn　u—ɑng—uɑng
u—ei—uei　u—en—uen　u—eng—ueng　u—o—uo

（2）字音练习

uɑ：　抓蛙、挂花、挖爪、刷画、跨洼、娃娃。
uɑi：　外踝、歪坏、怀槐、乖乖、拐踹、快摔。
uɑn：　短传、端碗、椽断、观馆、捐官、镌篆。
uɑng：窗框、凰床、矿上、创伤、状况、狂逛。
uei：　唯玮、魏尉、猬尾、威嵬、微微、为味。
uen：　温文、纹文、问闻、炆鲤、蚊瘟、抆吻。
ueng：嗡嗡、蕹蕹。
uo：　硕果、国货、骆驼、火锅、懦弱、堕落。

（3）音阶对比练习

i 7 i | 7 6 7 | 6 5 6 | 5 4 5 |

娃 娃 观 馆 乖 乖 狂 逛

4 3 4 | 3 2 3 | 2 1 2 | 1 7 1 |

唯 玮 温 文 火 锅 嗡 嗡

（4）行腔吐字练习

《中华人民共和国国歌》

① 1=C 2/4

6 5 | 2 3 | 5 3 0 5 | 3 2 3 1 | 3 0 |

中 华 民 族 到了 最 危险的时 候。

huá zú zuì wēi

《松花江上》

② 1=♭E 3/4

1· 3 5 - | i 1· 5 6· 5 | 6 5 - |

我 的 家 在 东 北 松 花 江 上，

wǒ huā

《金梭和银梭》

③ 1=A 2/4

6 5 #4 | 5 0 5 0 | 6 6 5 #4 | 5 - |

金 梭 和 银 梭， 日 夜 在 穿 梭

suō suō suō

《乌柏树下的怀念》

④ 1=D $\frac{6}{8}$

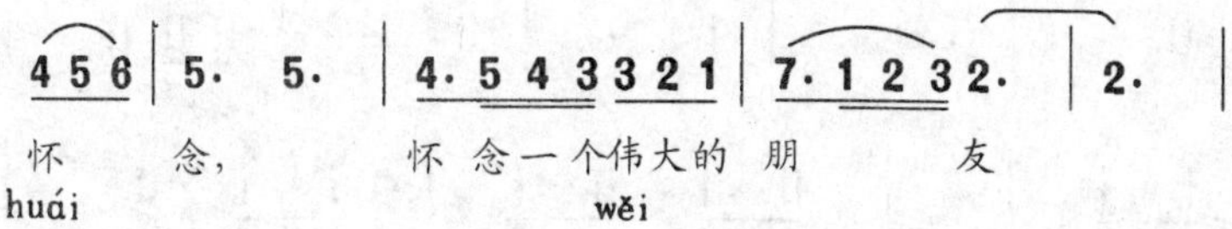

《伏尔加船夫曲》

⑤ 1=D $\frac{4}{4}$

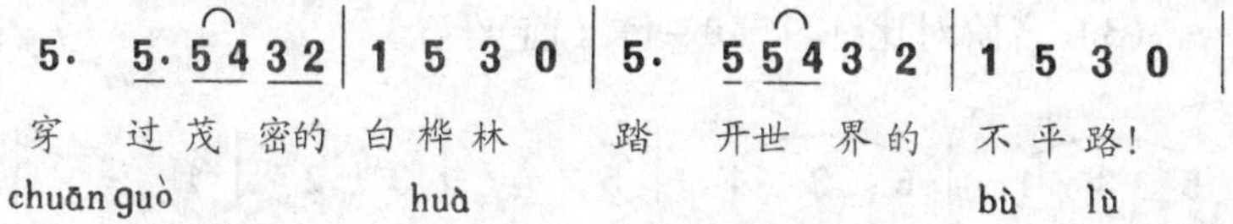

4. 撮口呼

双唇撮小谓之撮，其用力在唇，撮唇而成声。单韵母 ü 或由 ü 开头的复合韵母均属于撮合呼，即：ü、üe、üan、ün。撮口呼容易与合口呼相混。其区别在于：合口呼舌身后缩，舌尖与下齿龈保持一点距离，而撮口呼舌身不后缩，舌尖要轻抵下齿背，舌面前部隆起与硬腭前端相对。另外，撮口呼在撮唇和舌尖轻抵下齿背时，切忌舌根和脸部、喉部其他部位肌肉的紧张，同时要注意保持口咽腔的打开和软腭上抬的状态，切不可将“ü”音吐于口外，而应在气息的支持下，起音于后鼻管，使声音从鼻腔流向体外。

ü：前高圆唇元音。上下唇拢圆，略向前突，舌尖轻抵下齿背，舌面前部隆起和硬腭前部相对。

（1）音素对比练习

ü - | i - | i - | ü - | ü ü ü |

i i i | ü i ü i | i i ü |

（2）字音练习

ü：取去、吕剧、女婿、旅居、序曲。

（3）音阶对比练习（ü－i）（前）

5 3 1 | 5 3 1 | 5 4 | 3 2 | 1 - |

淤 衣 衣 淤 淤 衣 淤

（4）行腔吐字练习

《怀念敬爱的周总理》

① 1=♭B $\frac{4}{4}$

5· 6 3 4 3 2 1· 7 | 6 4 3 4 3 2 2 - |

群 山 低 首， 山 泉 悲 泣，

qún quán

5· 7 6 7 6 5 6· 1 | 7 2 1 7 6 5 - |

云 约 雨 雪， 眷 念 周 总 理。

yún yuē yǔ xuě juàn

《十五的月亮》

②

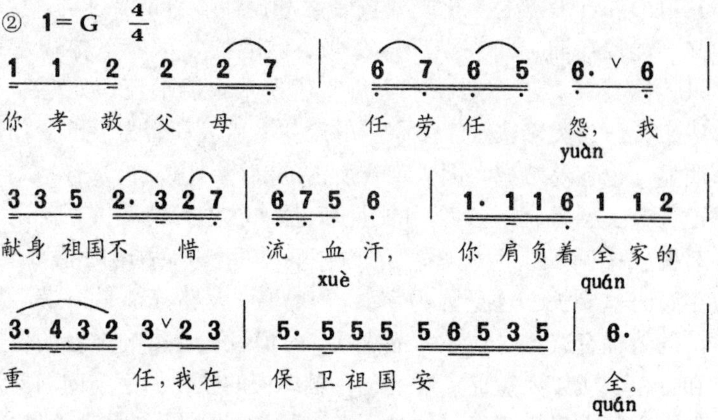

《金梭和银梭》

③

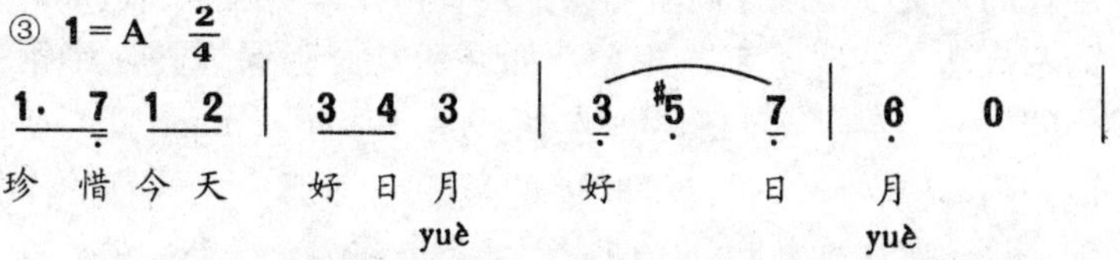

由此可见，熟练地掌握“四呼”，是歌唱语言中随着韵母音素的变化，运用口腔开、齐、合、撮各种状态，掌握韵母音素着力部位的有效方法。并便于韵母在音素过渡时改变唇、舌与口腔的状态。如唱“海（hǎi）”字时，就要从开口呼的“ɑ”变为齐齿呼的“i”，口形变化二次。而唱“怀（huái）”字时，要从合口呼的“u”变成开口呼的“ɑ”再变成齐齿呼的“i”，口形变化三次。而唱“枪（qiāng）”字时，口形要从齐齿呼“i”很快过渡到开口呼“ɑ”，必须再回到合口呼归韵收声，否则就唱成“恰（qià）”字了。这种口形的变化，在戏曲和曲艺中较为明显，而在口语中，由于语流较快，没有明显的感觉。但歌唱语言既不同于戏曲、曲艺又不同于口语，其口形和着力点的变化既要按音素和旋律本身的要求来调整，又不能像戏曲、曲艺中那样夸张。歌唱的吐字应该像顺水行舟，使人有“不知船在水上行，还是水在船下流”之感。一般来说，长腔慢速和音多字少的旋律，口腔和着力点的变化较明显，也容易掌握。因为字音所占的旋律时值较长，容易划分出音节头、腹、尾各音素的过渡时值。在这种情况下，一定要掌握“中间长，两头短”的原则。即字头、字尾时值要短，字腹时值要长。这是因为字头（声母）大部分都是声带不振动的清辅音（m、n、l、r 除外），时值过长会影响声音的位置和音色。所以要短促、准确，一触即松的咬住。字不归韵要走形，归韵太早也不行。这是因为韵尾部分如果占用时值过长，字音同样会不准确。同时容易把声音留在口咽腔中，造成声音的不流动——“吃字”现象。如《骏马奔驰保边疆》中第一句的“马”字，如归韵过早会听成是“骏蟒（mǎng）”。所以说，归韵应在旋律、音符时值的最后一刹那，在气息的支持下，将韵尾送到鼻腔外部收声，才可能将一个音节完整、准确的唱出。韵腹要长，这是因为韵母本身就是语音中最响亮的部分。韵母通过气流与声带的协调作用，产生乐音基音，而基音在气息的带动和骨骼、肌肉在体内的强迫振动下，通过口、咽、鼻、胸这些共鸣腔体的共鸣作用，使声音美化、扩大了。所以说，韵腹在歌唱时，在节拍的制约下，应尽量延续、扩充，使字音丰满圆润。

在腔短速快或音少字多的旋律中，口腔的着力变化频率加快，音节的头、腹、尾不容易分清所占的时值，这时应加强咬字、吐字的力度，以便字音准确、清晰，达到抒情达意的要求。

四呼口诀

开、齐、合、撮叫四呼。

要领在口形，口形错一线，字音错一片。

声母无声用气催，韵母放声鼻腔归，

韵尾收音分强弱，辙口分清是和非。

字清腔纯，字重腔轻，腔随字走，字领腔行。

不吃字，不嚼字，不裹字，不倒字，

不要声包字，而要字带声。

注：吃字：没有字头；嚼字：字的头，腹、尾断开；裹字：字的头，腹，尾含混不清；倒字：归韵不准。

为便于记忆和掌握，现将韵母归类于“四呼”并制表如下：

四呼（韵母）表

开口呼	齐齿呼	合口呼	撮口呼
	i	u	ü
ɑ	iɑ	uɑ	
o		uo	
e	ie		üe
ɑi		uɑi	
ei		uei	
ɑo	iɑo		
ou	iou		
ɑn	iɑn	uɑn	üɑn
en	in	uen	ün
ɑng	iɑng	uɑng	
eng	ing	ueng	
er	iong		

第三节 十三辙

汉语普通话的音节是由声母和韵母组成的。十三辙就是分析和归纳了汉语普通话音节中韵母所属的韵律，是收音归韵的方法和规律。戏曲、曲艺讲究合辙、诗歌讲究押韵，实际上就是按照一定的语音结构，把韵母的音素加以分类。我国民族传统戏曲、曲艺中将汉字归纳为十三个类别，故称为十三辙。十三辙是为了适应当时民间戏曲、曲艺用韵的需要而产生的。从它的分辙情况来看，是属于北方话语音系统。也可以说是由当时的昆曲、后来的京剧，在创作和演唱实践中，总结、归纳出来的。所以也有人称它为“京剧十三辙”。

十三辙有新旧两种辙口，从二者的对比来看，新十三辙的韵辙，是按汉语普通话语音、韵母，把韵腹相同或相近的，韵尾相同的归为一辙。用新十三辙进行演唱，容易使人听懂，它弥补了旧十三辙同辙异韵的缺点，早已被民间的诗、歌、戏曲、曲艺所采用。现在我们学习了解它，对歌唱语言的清晰、准确、流畅、达意仍起着积极的作用。因为只掌握声母阻气、着力的部位和韵母发音时口咽腔变化的过程，还达不到歌唱语言的纯正完美，富有韵味的风格。只有掌握了辙口韵律，才能使歌唱语言在演唱时运用自如，得心应手。

为了便于记忆，下面用一句话把十三辙的韵辙包括进去：

打倒“四人帮”，海沸腾，五洲也欢歌！

发遥 衣人江　　怀灰中　姑油乜言梭

花条 齐辰阳　　来堆东　苏求斜前波

1. 新十三辙语言结构及例字表

1. 新十三辙语言结构及例字表

辙名	韵母	韵腹	归韵韵尾	例字	注
中东辙	eng ing ueng ong iong	e i e o o	ng	争风等朋 兵平影姓 翁 松红恐共 胸穷永用	穿后（全） 鼻鼻 韵音
江阳辙	ɑng iɑng uɑng	ɑ	ng	方忙朗上 香良讲象 庄皇往旷	同上
言前辙	ɑn iɑn uɑn üɑn	ɑ	n	贪南展扇 先连典片 专款传唤 宣全捐院	抵前（半） 腭鼻 韵音
人辰辙	en in un ün	e i e （弱化） ü	n	贞晨本奋 金民品尽 春文笋棍 晕群允训	同上
发花辙	ɑ iɑ uɑ	ɑ	n	他达马那 家霞雅压 瓜花瓦话	
梭波辙	e o uo	e o o		哥何扯射 玻坡摸佛 多国果坐	

（续表）

辙名	韵母	韵腹	归韵韵尾	例　字	注
衣齐辙	i ü －u er	i ü －i er		希奇里寄 居鱼许俱 鸸而耳二	
乜斜辙	e ie üe	e ê ê		欸 爹结也谢 薛学雪蹶	
怀来辙	ɑi uɑi	ɑ	i	开来摆盖 乖槐拐快	
灰堆辙	ei ui（uei）	e （弱化）	i	碑肥美累 追随毁瑞	
遥条辙	ɑo iɑo	ɑ	o（u）	包桃草告 交嘹表笑	
油求辙	ou iu	o o （弱化）	u	洲头走兽 秋牛友幼	
姑苏辙	u	u		苏厨主杜	

2. 不同辙口的特点

鉴于汉语普通话中语音结构的类型较为复杂，因而各种不同类型的音节，在发声归韵时各有不同的特点。现归纳如下：

〔1〕有韵头而无韵尾的音节

韵头以 i、u、ü 开始，即韵母为 ia、ua、ie、üe 的字。属发花、乜斜辙。如：家（jiā）、且（qiě）、瓜（guā）、果（guǒ）、学（xuě）等。歌唱时口形由小变大，字音结束在韵腹的开口音上。结束时气息不能减弱，仍需保持开口呼的口腔状态，直至将字音通过鼻腔完全送到鼻外后，方可断气收声。

〔2〕有韵头也有韵尾的音节

①含有复韵母 ai、uai、ei、ui、（uei）的音节。属怀来、灰堆辙。如：开（kai）、外（wai）、飞（fei）、虽（sui）等。归韵收声时口形要归到齐齿呼。

②含有韵母 ao、iao、ou、iu 的音节。属遥条、油求辙。如：好（hao）、叫（jiao）、喉（hou）、牛（niu）等，归韵收声时口形要归到合口呼。

③含有前鼻音韵母 an、en、in、un、ün 的音节。属言前、人辰辙。如：含（han）肯（ken）宾（bin）棍（gun）群（qun）等。归韵收声时，舌尖轻抵上齿背，声流在气息的带动下进后鼻腔，将 n 音节送出鼻管外，方可断气收声。

④含有后鼻音韵母 ang、uang、eng、ong、ing、iong、ueng 的字。属江阳、中东辙。如：刚（gang）、光（guang）、更（geng）、红（hong）、京（jing）、拥（yong）、穷（qiong）等。归韵收音时，舌尖下降、轻抵下齿背，舌根上抬接近软腭，气息带动声流、完全进入后鼻管。将“ng”音送到鼻管外后，方可断气收声。唱此类韵母时，口形应由大变小。

〔3〕无韵头也无韵尾的音节

韵母中只有单韵母自成音节的 ɑ、o、e、i、u、ü、er 的音节。如：啊（ɑ）、喔（o）、欸（e）、衣（i）、屋（u）、淤（ü）、儿（er）等音节。属发花、梭波、姑苏、乜斜、衣齐辙。在发音时保持口形不变。直出无收。

3. 十三辙归韵练习

〔1〕直出无收类练习

发花、梭波、姑苏、乜斜、衣齐辙。

①保持口形不变练习（单韵母类）

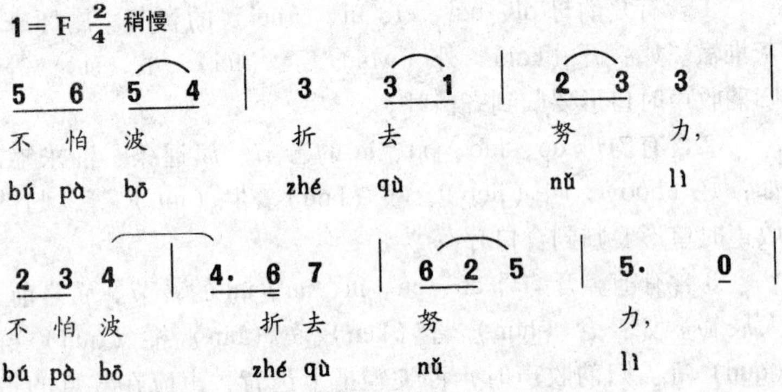

② 口形由小变大练习（前响复韵母类）

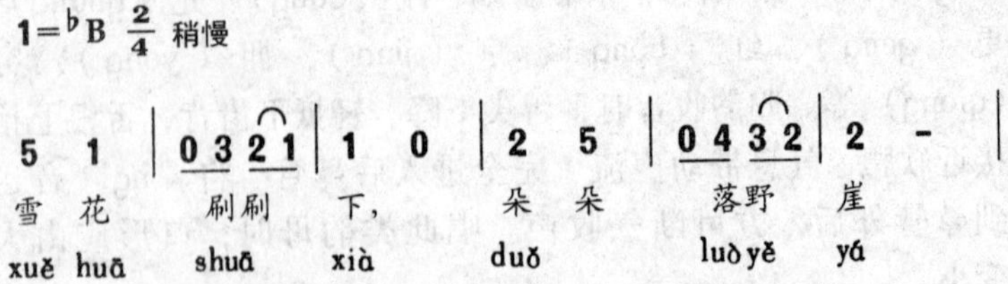

〔2〕收归韵尾 i、o、u 类

怀来、灰堆、油求、遥条辙。

①口形由大变小练习（后响复韵母类）

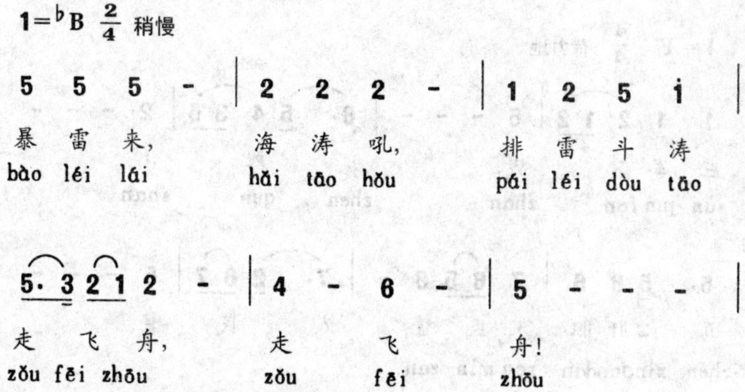

②口形由小变大再变小练习（中响复韵母类）

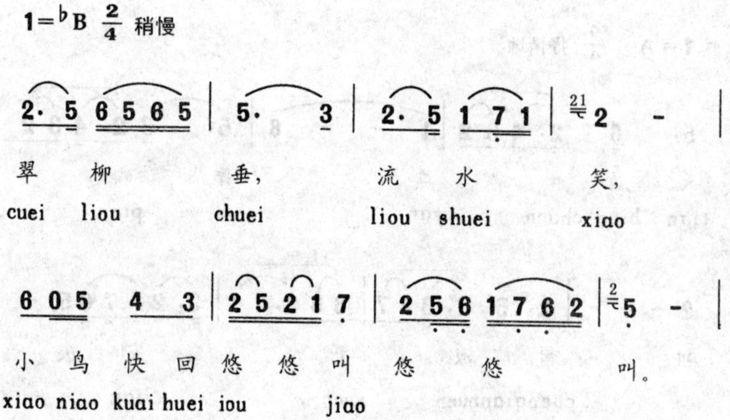

〔3〕收前鼻音韵尾类

人辰、言前辙。

① 保持口形不变收前鼻音韵尾 n 练习

（包括 an、en、in、un）

1＝F $\frac{4}{4}$ 有力地

② 口形由小变大，再变小收韵尾 n 练习

（包括 ian、uan、üan、uen）

1＝A $\frac{4}{4}$ 抒情地

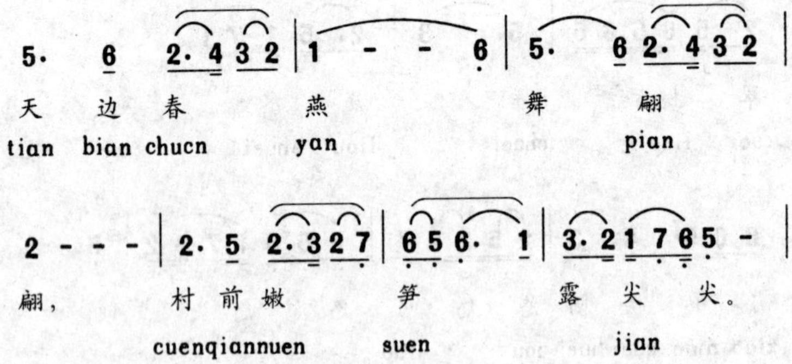

〔4〕收后鼻音韵尾类

江洋、中东辙。

① 保持口形不变，收后鼻音韵尾 ng 练习

（包括：ang、eng、ing、ong）

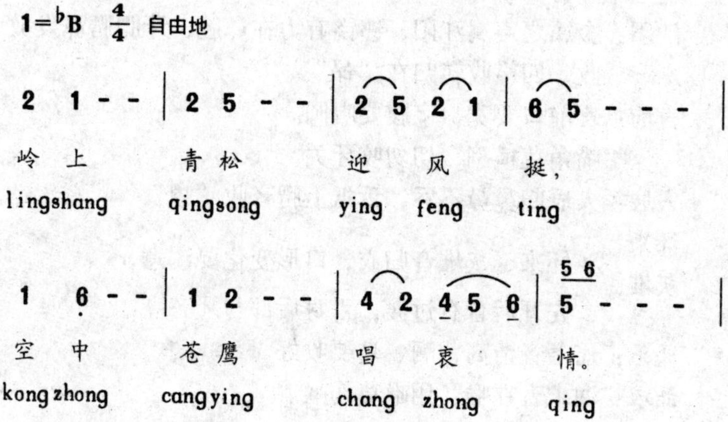

②口形由小变大收后鼻音韵尾 ng

（包括：iang uang ueng iong）

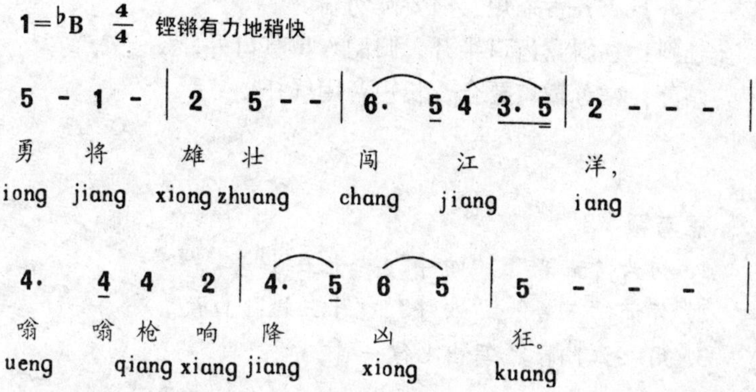

十三辙口诀

中东：腰要长，尾要短，头要用力，腹要圆，穿鼻归韵后鼻管。

江阳：金属之声属江阳，铿锵有力在鼻腔，牙腮腭鼻发放收，四声收转归在“昂”。

言前：言前口要宽，字腹要唱圆。
嘴角莫横咧，切勿咬牙关。

人辰：人辰归鼻鼻不吞，舌抵上腭音收“恩”。

怀来：
灰堆：> 怀来、灰堆音归衣，口形变化要注意，
先开后合有过渡，舌身后部与牙齐。

遥条：遥条音清高，啊、乌要收好。

油求：油求音在喉，用喉莫伤喉。
气带声到鼻，切莫留在喉。

发花：开口呼是发花，发放收全在牙。

梭波：梭波口莫合，辨清哥、波、郭。

衣齐：衣齐舌缩短，声要圆勿扁。

乜斜：乜斜露齿口半开，归韵入鼻莫口外。

姑苏：姑苏辙口要合，长短音用气托。

思考题

1. 何为“五音”、“四呼”、“十三辙”。
2. 背诵“五音”、“四呼”、“十三辙”口诀。
3. 用“江阳辙”写出七律一首。

第十一章　歌唱语言与旋律的关系

第一节　歌唱语言

语言作为一种社会现象，同社会有着十分密切的关系。它是社会人际交往中重要的、不可缺少的交流思想的工具。它同社会的进步和发展紧密相连，反映着社会的变化。语言本身没有阶级性，不属于上层建筑，在历史的长河中，具有十分明显的稳定性。在我国历史上，语言也有过“革命”，如“古文运动”、“白话文运动”，但它从来没有，也不可能发生“突变”和“质变”。语音和语法的变化是相对稳定的。变化最大的词汇部分，无论是增加还是淘汰，无论是词义的引申、扩展还是词性的缩小和扩大，只不过是一小部分。正因为语言的这种特殊属性，文言文至今还保留着它的认识价值、审美价值和使用价值。正确认识语言的稳定性和渐变性，有利于把握歌唱语言特点的质的规定性和包容性。

作为表情达意、言志传神的语言，它必然负载着人们的思想感情，不但反映着人们对客观世界的认识，同时也反映着人们对主观世界的认识。因此，语言才能够成为人类思想的直接载体。语言本身的社会共识，公用作用和语言应用的个体表情达意作用，成为语言的巨大功能，并赋予歌唱语言发展、变化的广阔天地。

歌唱语言不同于其他语言，也不等于歌词。因为歌词仅仅是文学性的有一定韵律和动律的书面语言。只有作曲家在歌词的基础上，经过谱曲的创作，使歌词成为旋律化的语言，并通过演唱者的二度创作唱出来的，具有旋律、节奏变化的有声形态，方可称为歌唱语言。

尽管我们通过以上三个章节，了解了歌唱语言与口语、朗诵的相同之处和不同之处，明确了歌唱语言中“字点”和“声位”的不同作用，初步掌握了歌唱语言的民族传统技法。但歌唱语言的最终目的，绝不仅仅是依照旋律的规定把歌词一板一眼地唱清楚。虽然歌唱语言中字的声调变化已经由旋律确定下来了，但旋律绝不是字本身声调的简单翻译。只要不影响词义的表达，只要不破坏语句本身的韵律，相同的歌词可以有多种旋律的表现手法。

当然，曲作者要尽量做到语言声调与旋律音调的有机结合，为歌唱语言奠定“字正腔圆”的基础。另外，演唱者在分析、处理歌唱语言的过程中，完全可以根据字的四声字音、语气、语调、语势和感情变化及旋律的要求，进行润腔和创腔的艺术处理。进一步展示歌唱语言特有的“绕梁三日”、“响遏行云”的艺术效果。

第二节 旋 律

旋律亦称曲调，是指若干乐音按照一定的规律有组织的排列。其中各音的时值不同和强弱不同形成节奏；各音的高低不同形成旋律线，并往往体现出调式特征，表现一定的音乐意义。旋律是音乐的三个基本要素之一。音乐的内容、风格、体裁、民族特征等，首先从旋律中表现出来。

旋律是歌词音乐化的手段，旋律美否取决于辞章诗情画意的语言。语言准确达意，旋律优美流畅，才能使文情和声情统一起来。无论是原始的口头吟唱，还是依词创调制谱，抑或按谱倚声填词，我国传统的民间歌唱艺术在几千年的发展过程中，为我们留下了宝贵的财富。在旋律构成因素，诸如音律、音阶、调式、节拍、曲式与旋律发展手法和布局上，形成了独有的民族特色。

民歌的曲调是现代音乐旋律创作的源泉之一。在最老的民歌《诗经》与《楚辞》中，我们可以从句式、段式等结构变化中，看到三千多年前民歌曲式结构的多样性。

汉魏六朝的民歌，在旋律曲式上有了进一步发展，“相和歌”不仅包括了汉代北方民间的流行歌曲，也包括根据民歌改编而成的艺术歌曲，在形式上突破了四言体的句式，发展成五七言与长短句交错的句式，为乐曲节奏、旋律的变化增添了新的艺术表现力。

唐代是我国诗词与音乐发展的辉煌时代，开一代诗风乐律。在连续三百多年中，出现了李白、杜甫这样伟大的诗人。音乐、文学相互促进，不仅发展了五七言绝律诗的歌唱，还创造发展了“大曲”这样的大型歌舞。从著名大曲《霓裳羽衣曲》来看，全曲三十六段，有十八段是歌唱。唐代“大曲”有着丰富多彩的曲式音调；《秦王破阵乐》、《庆善乐》、《景云河清歌》、《玉树后庭花》、《雨霖铃》、《鸟歌万岁乐》、《春莺转》等都各具特色。它不仅继承了华夏音乐的民族传统，而且又广采博收了国外与边疆少数民族的音乐旋律，形成了“燕乐”的新曲种。并与“清商乐”、“西凉乐”、“扶南乐”、“高丽乐”、“龟昌乐”等统称“十部乐”。音乐旋律本身的丰富，自然会促进声乐曲谱的发展。唐以来的民歌实际已发展为进一步音乐化了的“曲子”。歌词的句式已发展为四、五、七言，长短句的交错。曲式结构也日趋丰富，有令、慢、引、近四体，有“双调”即“A—A式”、“三叠”即“A—A—A”式；“双调”换头的即“A—B—C—B”式。有些还以“帮腔”烘托，增加了“和声”效果。

词，作为一种新兴的文学形式，脱胎于按曲歌唱的需要，而孕育它的正是音乐旋律丰富变化的结果。词对于诗来说自然是一种突破，“长短句”由于必须符合曲度的要求，所以更具有歌唱性。词，源于两汉乐府民歌，成形于隋唐，盛行于两宋。

宋代是说唱艺术发展的极盛时期，瓦子勾栏里演绎出了慢曲、小唱、嘌唱、唱赚、鼓子词、诸宫调等形式多样，曲调丰富的歌唱形式。著名的《西厢记诸宫调》在三种基本曲式中运用了一百五十一个基本曲调，并运用变奏手法，创造了新的音乐形象，最后竟发展为四百四十四个曲调。在音乐、歌舞、百戏、杂技、说唱以及唐杂剧雏形的基础上，宋“杂剧”应运而生。宋“杂剧”在广泛吸收各种音乐体裁曲调基础上，创造了完整的戏剧音乐，谱写了新的乐律声腔，丰富了声乐艺术的多种表现风格。

产生于元、盛行于明的声乐新形式——曲，在句式长短，韵律风格等方面又有了新的发展。使元“杂剧”与“散曲”创造了新的旋律色彩，尤其是元杂剧的“南戏”中出现了独唱、对唱、轮唱、合唱等新形式，使旋律的音乐造型与对比手法更富于表现力，同时角色行当的声腔更趋于性格化。在旋律表现上，北曲遒劲雄壮，南曲委婉柔媚，因此北曲总以七声音阶构成，南曲则以五声音阶表现，使曲调的旋律各具不同的美感。

戏曲音乐的不断发展，民歌形式的不断丰富，说唱艺术从元明的词话、陶真、宝卷到清代的鼓词、弹词以及各地方曲种的创造，极大的丰富了音乐旋律的表现力。

近代随着社会的巨大变革，尤其是改革开放以来，声乐艺术更加广泛地深入到人民群众的生活当中。声腔流派百花齐放，曲调旋律不断推新，不仅继承了优秀民族音乐的传统，而且表现出了强烈的时代风貌，使歌唱语言的旋律，呈现出异彩纷呈的艺术魅力。

第三节 歌唱语言是诗意曲情的综合体现

辞章的诗意与旋律的曲情，最终还要通过演唱者的声情才能体现。只有把诗意美与曲情美赋予了声腔美，才能真正形成听觉的美感。

清代刘鹗在其《老残游记》中，生动地描述了当时的一位著名歌唱家王小玉演唱时的精彩场面：王小玉（白妞）便启朱唇，发皓齿，唱了几句书儿，声音初不甚大，只觉入耳有说不出来的妙境：五脏六腑里，像熨斗熨过，无一处不服帖；三万六千个毛孔，像吃了人参果，无一个毛孔不畅快。唱了一数句后，渐渐的越唱越高，忽然拔了一个尖儿，像一线钢丝抛入天际，不禁暗暗叫绝。哪知她于那极高的地方，尚能回环转折：几啭之后，又高一层，接连的三四叠，节节高起。恍如由傲来峰西面，攀登泰山的景象：初看傲来峰削壁千仞，以为上与天通；及至翻到傲来峰顶，才见扇子崖更在傲来峰上；及至翻到扇子崖，又见南天门更在扇子崖上；愈翻愈险，愈险愈奇。那王小玉唱到极高的三四叠后，陡然一落，又极力骋其千回百折的精神，如一条飞蛇在黄山三十六峰半中腰里盘旋穿插，顷刻之间，周迎数遍。从此以后，愈唱愈低，愈低愈细，那声音渐渐地就听不见了。满园子的人都屏气凝神，不敢少动。约有两三分钟之久，仿佛有一点声音从地底下发出。这一出之后，忽又扬起，像放那东洋烟火，一个子弹上天，随化作千百道五色火光，纵横散乱。这一声飞起，即有无限声音俱来并发。那弹弦子的亦全用轮指，忽大忽小，同她那声音相和相合，有如花坞春晓，好鸟乱鸣。耳朵忙不过来，不晓得听哪一声的为是。正在缭乱之际，忽听霍然一声，人弦俱寂。这时台下叫好之声，轰然雷动。

这段生动形象地描绘，把那回旋委婉，抑扬有致，声情隽永的歌唱语言淋漓尽致地展现了出来；那夺人听感的艺术魅力，声腔韵律的和谐，情景交融的效果，使人如亲临其境。

清末民初昆曲老前辈管际安老先生，根据自己长期演唱昆曲方面的心得体会，总结为《度曲歌诀》。原文如下：

正衬要分明，句读务须识。
四声辨阴阳，行腔有虚实。
工谱纵千变，贯之仍如一。
头板须加重，虚眼应轻逸。
欲速宜先缓，欲扬宜先抑。
板宽不可松，板紧不可急。
弗以力驱气，当知气运力。
吞吐本无奇，唯在呼与吸。
天赋虽不同，意到神自翕。
长思曲中情，毋与古人失。

“歌诀”论及了演唱中关于语句、读音、行腔、节奏、呼吸、表情等多方面。尤其是在歌诀最后提到的“长思曲中情”，指的就是演唱者除了正确理解、充分掌握歌词的诗意外，还要对旋律的曲情反复思琢，真正领会曲作者的创作意图，以免对旋律产生歪曲或误解。因为演唱者不仅需要自己理解、掌握词、曲的内涵，更重要的是要让诗意和曲情通过声情去感染观众。有效地完成从词、曲作者到演唱者，再到观众之间的感情交融。

所以说，要想让歌唱语言充分表现出歌词与旋律的诗情画意，必须通过多种艺术手段来深刻地揭示词、曲的内涵，并首先使自己感受到词、曲内在的艺术震撼力，才有可能增强歌唱语言的声腔美来展示整个作品的艺术感染力。

如果要把歌唱语言中词与曲的关系高度概括起来的话，那就是：曲表词意，词达曲情，水乳交融，相映生辉。

思考题

1. 举例说明歌唱语言的内涵。
2. 旋律的创作基础是什么？
3. 为什么说歌唱语言是词意曲情的综合体现？

第十二章　歌唱语言的艺术表现手法

第一节　分析、理解、感受、联想和内心视觉

1. 分析、理解词意、曲情

歌唱语言是根据字音的四声和旋律规定的音高而发声的。发声则要根据感情的需要而表意。“声为情役，腔为情设”，“情之所至，音之所生”，“不唱无情之曲，不为无情而唱”，就必须做到“未成曲调先有情”。当我们演唱一首外国原文歌曲时，没有中文的翻译，而演唱者仅能拼读语音，却不理解词义，只能按照旋律和节奏及表情符号来演唱。尽管声音上可能完美无缺，却不知歌词所言何事、何情，这种演唱会感人吗？所以，分析理解词、曲，深入挖掘词曲所呈示的思想感情、时代背景，是进一步揭示和表现作品主题的首要环节。

分析并理解了歌词后，依据对歌词的感受，再来分析旋律的曲式结构、调式、调性，进而达到对作品整体的概括把握。有了逻辑上的综合分析，才可能建立感性上的理解和认识，并通过反复实践，不断完善，才可能获得对作品的切身感受。

2. 感受作品的主题思想

感受就是人们对某种事物的感觉和体验。正如格端思在他的《歌曲的解释》一书中所说的：作为一位歌唱者，要使自己处于“有一些东西要说，并知道如何去说”的状态才行。所以说，要想使歌唱语言能够把它的思想感情、内在含意，充分、确切、有效、清晰地送给观众，必须要有真切的、发自内心的感受，并将这种感受通过歌唱语言表现出来，使听众也能

体验到这种感受。歌手与歌唱家的差距，往往不是在声音的质量上，恰恰就是在这里。

口语之所以生动，就是因为它是人们亲身经历或体验后真实感受的流露，因而不加修饰就已经注入了一定的感情色彩。而演唱者由于年龄、阅历、环境等绪因素的局限，对所要表演的角色和演唱的作品，不一定都有亲身的经历和体验。

如：德沃夏克（Antonin　DvarK　1841—1904）创作的歌剧《水仙女》中鲁萨尔卡的咏叹调《月亮颂》。现代人无论如何也体会不了、感受不到一美人鱼高尚、纯真的爱情和对人间美好生活的热爱及渴望这一真实感情的。如果演唱者仅仅从《月亮颂》的歌词和旋律来分析、理解作品的话，不是把作品演唱的过于明快，就是过于忧伤。只有当演唱者了解到：该剧取材于一个美丽动人而又充满悲剧色彩的神话传说；清楚了《月亮颂》是该剧第一幕中水仙女在爱上了人间的一个年轻英俊的王子，为了能变成人，与心爱的人结合，不顾父亲老水神的警告，在去求助女巫之前，独自一人在静静的湖畔，面对着一轮明月，倾吐自己内心的秘密和希望这一特定环境下的咏唱，才会把这首咏叹调唱出“幽渺深情入梦境”的境界。

又如：近代作曲家青主根据北宋词人李之仪《卜算子》谱写于1930年的歌曲《我住长江头》。原词是描写一个善良美丽的女子，怀念自己所爱的人，但不能如愿的复杂心情。但由于曲作者当年是北伐革命的参加者，当时正被反动派所通缉。作者通过古代的这首爱情词，寄托了对殉难战友和过去战斗岁月的深切思念、怀恋之情，同时，表达了对明天充满必胜信心的思想感情。如果演唱者不了解作品的这一时代背景，仅从歌词和旋律来分析该作品，往往只注重了对纯真爱情的歌颂，而忽略了作品内在的昂奋、向上的感情色彩。

再如：舒伯特（Franz Schubert. 1797—1828）创作的《魔王》。作品中既有父亲对儿子的舐犊之情，又有儿子对魔王的畏惧之感；同时还有魔王对儿子的百般诱惑。而演唱者可能还没有做父亲，体会不到一个父亲对儿女的感情，对魔王在规定情景中的心理状态更感受不到。要演唱好这一作品，缩小演唱者与角色之间的差距，除了分析、理解该作品以外，还必须通过丰富的联想来找到较为真切的感受。

3. 联想作品的规定情节和意境

所谓联想，是指演唱者使所演唱作品的情景和事物，在大脑中形成一种具体意境的能力（这情景和事物并不是亲身经历和感受过的）。就是传统表演艺术家们所称谓的：景出所睹，情发欲言，情自中生，景由外得。景乃众人之景、情乃一人之情，善咏物者妙在即景生情。这种使共性与个性相结合的要求，其道理是相通的。在分析、理解、感受作品的规定情景时，最基本的要求是：在表现歌唱语言过程中，思想上能形成一种清晰明确的意象。正如斯坦勒所说："对于一组音调构成意象是歌唱才能的一个重要组成部分。如果缺少这一点，那么这个学生就永远不能成为一位艺术家。"

所以说，通过彼此相近或相似的情景、情绪、感情，通过想象而形成一种感受，是可以增强表现作品的真实感的。设身处地的体现作品中人物或事物的感受，对准确表达作品的内涵是非常重要的一个环节。

例如：演唱《摇篮曲》的演员，很可能并没有体验过做母亲的感觉，更没有经历过抚慰孩子入睡时的感受。但却可以通过慈母对自己的爱抚之情和本人对母亲的孝敬之心，以及通过自己对弟弟、妹妹的手足之情，或根据其他文学作品中母子情、母女情的描述，电影、电视中类似的镜头来进行联想，启发自己的具像思维能力，来找到作品中所需要的感觉，完成好作品所要求的角色。

总之，联想是要靠生活和记忆中的细心积累，通过直接或间接的类似感受来启发、调动大脑中能够形成一种接近演唱角色或情景中的意象，来弥补经历上或感受的空白。这样才能使从自己心灵中流露出来的情感，流入到别人的心灵。

4. 形成清晰的内心视觉

内心视觉就是演唱者在演唱声乐作品时，根据歌词和旋律所提供的意境，在脑海中闪现的一种图像。如同影视镜头那样始终贯穿在整个演唱过程中。这种内心视觉是深刻揭示作品内涵和主题的重要源泉。同时也是演唱时表情展现和手势、身段运用是否得体的重要依据。

当然，内心视觉是在分析、理解了作品的内涵和时代背景，有了真切的发自内心的感受和联想，靠丰富的知识，敏锐的观察和对各种情景的捕捉积累，来不断丰富和充实的。近年来出现的音乐 MTV，为丰富和充实我们的内心视觉，提供了一个更加广阔的天地。如《我爱你中国》、《走进新时代》等优秀 MTV 作品，为我们分析、理解、感受作品的内涵，提供了一定的帮助，对丰富我们内心视觉起到了一定的促进作用。

内心视觉一旦形成，会大大提高歌唱语言的表现力和感染力。关于这一点，清朝李渔在其《闲情偶寄》中论述的很详细："唱曲宜有曲情，曲情者，曲中之情节也。解明情节，知其意之所在，则唱出口时，俨然此种神情。问者是问，答者是答。悲情默然魂消而不至反有喜色。欢者怡然自得，而不见稍有瘁容。且其声音齿颊之间，各种俱有分别。此所谓曲情也。……有终日唱此曲，终年唱此曲，甚至一生唱此曲，而不知此曲所言何事，所指何人。口唱心不唱，口中有曲，而面上身上无曲，此所谓无情之曲。与蒙童背书，同一勉强而非自然者也。虽腔板极正，喉舌齿牙极清，终是第二等词曲，非登峰造极之势也。欲唱好曲者，得知其意而后唱。唱时以精神贯穿其中，务求酷肖。若是则同一唱也，同一曲也，其转腔换字之间，别有一种声口；举目回头之际，另是一种神情。变死音为活曲，化歌者为文人。”

清代徐洄溪在《乐府传声》中也论及到这个问题：“唱曲之法，不但声之宜讲，而得曲之情为尤重。盖声者众曲之所尽同，而情者一曲之所独异。不但生旦丑净口气各殊，凡忠义奸邪，风流鄙俗，悲欢思慕，事各不同。使词虽工妙，而唱者不得其情，则邪正不分，悲喜无别，即声音绝妙，而与曲词相背，不但不能动人，反令听者索然无味矣。……”《乐记》曰：“凡音之起由人心生也。必唱者先设身处地，摹仿其人之性情气象，宛若其人之自述其语，然后其形容逼真，使听者心会神怡，若亲对其人，而忘其为度曲矣。故必先明曲中之意义曲折，则启口之时，自不求似而自合。若世之止能寻腔依调者，虽极工亦不过乐工之末技，而不足语以感人动神之微义也。”

这就是说：“歌曲须合腔，此尽人所知，亦为学歌者首先注意之事。但歌者仅乎按谱还声绳趋尺步，腔则合矣，而听者不以为美，则尚未知腔之中，尚须有传神作用也。”所以在传统的歌唱语言中，十分注重传神与含韵的作用。所谓“若无含韵强弱抑扬，是为叫曲念曲矣”。

含韵就是要有音外之意，弦外之音，有深度，有蕴藏，不是一泻无余，不是把情感摆在面上，不是毫无回味之感。而要像冰河一般，在冰层之下，有一股深深的潜流，达到音犹尽而意无穷之境界。由此可见，内心视觉越明确，歌唱语言的表达也就越透彻。没有内在潜语的准确挖掘，内心视觉的始终贯穿，歌唱语言就不生动、鲜明。因此，内心视觉有助于准确表现歌唱语言的内涵，并给予其生命和灵魂，积极展现作品的主题。

分析、理解词意曲情，并根据歌词和旋律形成感受、联想和内心视觉，固然是充分展示歌唱语言的魅力基础，但这些内在的感受却必须通过丰富的语言表现手法来体现。正如斯坦尼斯拉夫思基所说："在创作的时候，台词来自剧作家，而潜台词是来自演员的。如果不是这样的话，观众就不必费力到剧场里看演员的表演，坐在家里读剧本就行了。"

第二节　语调、语气和语势

1. 语调

在汉语普通话中，字调为声调、句调为语调。字调（阴平、阳平、上声、去声）的语音因素，主要表现在声音的高低、长短的变化上。句调（抑、扬、顿、挫）则不仅和声音的高低、长短有关，而且和声音的轻重、快慢、停顿及语气的变化有关。语调就是利用这些因素把语言的内在感情和态度变化表现在语音上，是表达思想感情的声音形式。

例如："你看"这个简单的语句。要是说的紧些、重些，并把"看"字说成55调，就表示让对方往远处看，并带有惊讶的语气。

如：你看！飞机。

如果把"你看"说的慢些、轻些，"看"字又是下降的51调，则表示让对方往近处看，并带有不高兴的语气。

如：你看，衣服又弄脏了吧。

如果把"你看"中的"你"字拉长，"看"字说成上升的 35 调，并加重语气，则带有疑问的意思，变成了疑问句。

如：你看ξ？你不是不懂德语吗？

如果把“你看”中的“你”字说的较重，又是先降后升的 214 调，“看”字说的也较重，而且是 51 的下降调，则表示出一种很不耐烦、很不情愿的语气。

如：你看！你先看。

通过以上的例句，我们看到了语调的复杂性。同是 51 的下降调，但由于两个字之间的节奏不同，则可以表示不同的思想感情和态度。因此，语调的研究要与心理语音学结合起来，因为语调的变化是根据人的内在感情的变化来决定的。

语调在语言的功能中除了达意外，还起着表情的作用，因为语调的变化，实际上是人的内心活动在语音上的反映。如我国的京剧到国外去演出，在没有作逐句翻译的情况下，仍能引起外国朋友的极大共鸣。可以说代表语意的声音——语调起了很重要的作用（当然也不能忽略形体动作、服装、道具的作用)。所以说，语言的表现力不仅仅依靠语意，语调的作用是绝不可忽视的。

语调有着揭示和表现人的内心世界的重要作用。歌唱语言由于是旋律化了的有声形态，故应该比一般语言更为简练、概括、生动、形象。尽管它的基本语调是由曲作者在旋律中基本确定下来的，但仍然给演唱者留下了语调进行再创作的很大空间。这就是为什么同一首声乐作品，由于演唱者在语调表现上的不同，以及技巧方法上处理的不同，会给听众以不同的感受，取得不同的艺术效果的主要原因。

在此，仅以电影《海外赤子》中的插曲《我爱你中国》的引子部分来论述语调在歌唱语言中的重要作用。

《我爱你中国》是由瞿琮作词，郑秋枫作曲，久唱不衰，深受人民喜爱的一首优秀的艺术歌曲。歌词朴实无华，用精练的语言描绘了一幅动人的图画。给演唱者以极大的内心视觉感受，大串的排比句，虽没运用“伟大”、“壮丽”等词句，却淋漓尽致地抒发了海外赤子对伟大祖国母亲的赞颂和爱恋之情。曲调流畅，脉络清晰，层次分明，起伏有致，并具有浓郁的民族音乐的色彩。引子部分，风格上既类似戏曲中的导板，又近似于高原上的山歌，但却没有任何模仿的痕迹，以鲜明的音乐形象，动人、完整地呈示了主题，巧妙地刻画了全曲的意境。

《我爱你中国》(引子部分)

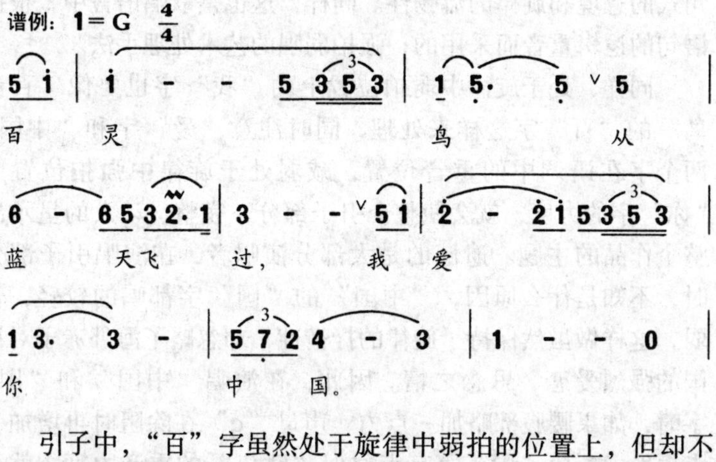

引子中，“百”字虽然处于旋律中弱拍的位置上，但却不能唱的太弱。因为第一个字在一首声乐作品中是非常重要的，“通首之调，皆此字领之；通首之势，皆此字蓄之；通首之神，皆此字贯之；通首之喉，皆此字开之。”更何况，从语调处理上来说，“百灵鸟”的“百”字，“我爱”“中国”这几个字是全句式的中心，应该注意刻画和强调。因此必须十分讲究“百”字的发音，“此字一梗，则全曲皆梗，此字一和，则全曲皆和”。“百”字容易唱扁，唱白，缺乏力度，因此发音时，字头声母“b”的双唇阻气动作要有力，除阻后双唇立即放松，但不要将“b”音送于口外，而是迅速的归到后鼻管处——字腹“ɑ”音的位置上，引长，延续，最后抬高舌面，使舌身两侧与两边上槽牙贴住将韵尾“i”清晰地用气息送出鼻腔。从而使处于旋律中弱拍上的“百”字，清晰、有力地唱出。这就是歌唱语中特有的，根据语句的逻辑重音，而采用的弱拍强唱的艺术处理手法。而处于旋律中强拍位置上的“灵鸟”、“蓝”、“过”字却不应唱的过重，否则将破坏整个句式的意境和旋律的流畅性。同样，这也是歌唱语言中，根据语句的逻辑重音而采用的，强拍弱唱的艺术处理手法。

同样，处于旋律中弱拍位置上的“我”字也要像“百灵鸟”的“百”字这样来处理，同时注意“爱”字和“中国”两个字在语调中的重音位置，减弱处于旋律中强拍位置上“你”字的力度，就会使整个引子部分，完整、动人的呈示出整个作品的主题。遗憾的是大部分演唱者，在演唱引子部分时，不知是什么原因，“中国”的“国”字都唱的较轻，轻弱，这样做虽然保持了旋律的抒情性，却忽略了海外赤子对祖国的强烈爱恋、思念之情。因此，在演唱“中国”和“国”字时，如果腰腹部略加一点力，声母“g”在除阻时再增加一点爆发力，使“国”字有点类似“喷口”的重音力度，就会更加形象、生动、细腻、深刻地刻画出海外赤子热切的盼望祖国早日富强，身在他乡作异客，树高千尺叶归根的内心世界。

由此可见，歌唱语言的“美化”过程，正是“字斟句酌”的语调修饰、润色过程。如果完全按照旋律中所规定的语调来唱，显然缺乏细腻的感情描绘与表现，自然也产生不了强烈的艺术震撼力和感染力。充分调动并运用轻重强弱、高低扬抑、快慢急徐、顿错断连等语调、声腔的造型手段，以及丰富的“润腔”方法，则增强了歌唱语言的生动性与音乐性，从而产生了声情并茂的艺术效果。

2. 语气

语气是指“说话时流露出来的感情色彩”（《现代汉语词典》），“语气是思想感情运动状态支配下语句的声音形式”（张颂《播音创作基础》），“是语句的‘神’与‘形’的结合体”（张颂《朗诵学》）。

郭沫若先生说过：“音有万态之殊。”英国著名作家萧伯纳曾这样将书面表达与口头表达作比较：说一个“‘是’字有五十种方法，可是写下来只是一种”。一个“是”字若为一个独词句，它既无所谓重音，又无需停连，那么说话是采用什么绝妙的方法，说出 50 种不同感情色彩的“是”字呢？这就是“语气”！语气，是歌唱语言中重要的表现技巧。它要求表现思想感情的贴切性、丰富性和深刻性。要求歌唱语言的曲折性和变化性。

语气的实质，具有以下三个特点：

〔1〕语气以具体的思想感情为灵魂。

〔2〕语气以具体的声音形式为躯体。

〔3〕语气存在于每个语句当中。

只有受具体的思想感情支配的语句，才是有生命的、可感的。语气的具体性，通过对语言本质和语言链条的理解、感受、体验，是完全可以把握到的。它包括喜、怒、哀、乐、欲、恶、惧等人类情感的不同色彩，还包括各类感情色彩中的不同级差。同时，也包括语言链条中反映出来的“并列”、“递进”、“转折”、“因果”、“领起”、“总括”、“主次”等思维的逻辑轨迹。此外，在歌唱语言的过程中，与观众的交流、呼应也靠语气来体现。因此说：重视语气思想感情的具体性，有充实的内心依据，才能带来语气表达的丰富色彩。

丰富的思想感情，是通过变化多样的声音形式才能体现出来的。声音形式又能对语气的感情色彩起反作用。呆板单调、以不变应万变的声音形式，或者对声音形式的选择、运用不当，都不能准确地表达欲表达的思想感情。从而使歌唱语言直接可感性的优势被极大地削弱。在具体的声音形式中，包含着音色、气息、口腔状态三个方面多层次、多侧面的变化，具有很强的技巧性。音色、气息、口腔状态在具体的思想感情的支配下，不仅要以各自相应的姿态出现，还要有巧妙的组合与配置。正所谓，因情用声，气动声出，气到声行，声带气走，以情带声，声随情转，以声传情。要想提高歌唱语言的表达技巧，必须善于运用语气，这一传情达意的核心手段。

语气是人类心理状态的具体体现，它的变化是纷繁而多样的。因为人的心理状态，在不同的环境和条件下，是瞬间万变的。同样的一句话，在不同的环境和条件下，用不同的语气来述说，就会产生截然不同的效果。

如有人在为你“雪中送炭”的时候，你会发自内心地说一声“谢谢”！而明明你知道这个人在背后暗算了你，却又跑到你面前为你大鸣不平时，你说出的“谢谢”，必然充满了鄙视的讥讽之意。

如果说歌唱语言的语调，在某种程度上受到旋律的一定制约的话，语气，则完全不受旋律的制约。演唱者完全可以根据歌词和旋律提供的思维空间，自己去分析、判断和选择。

如根据德国伟大诗人歌德著名诗剧《浮士德》中的那首讽刺诗《跳蚤之歌》所谱写的艺术歌曲。十九世纪以来，先后有贝多芬、里拉、柏辽兹等著名作曲家为此诗谱过曲。而流传至今的是俄国作曲家穆索尔斯基于1879年谱写的《跳蚤之歌》。穆索尔斯基是一位具有鲜明民主倾向和独特艺术个性的作曲家，由他谱写的《跳蚤之歌》，既保留了歌德原诗中充满意锐辛辣地讽刺了当时德国诸小朝廷豢养宠臣的丑剧，又影射了俄国沙皇专制、昏庸、腐败的现实，并充分显示了他独具匠心的艺术才华。他在词曲结合上，创造了一种半喧叙调、半咏叹调极富于原诗词意表现力的旋律，并在每段歌词的中间和末尾，都用嘲弄和轻蔑的笑声来加强该诗的讽刺效果，使该歌曲具有强烈的戏剧性。

全曲分为三段。

第一段讲述了一个国王，养了一只跳蚤，对它关心备至，亲自让裁缝为跳蚤制作了一件龙袍。旋律是叙事性的，歌唱是朗诵式的喧叙调，并通过嘲弄和蔑视的语气和不同声音色彩的笑声，揭露了封建王朝的昏庸和腐败。

第二段描写了跳蚤穿上龙袍，戴上勋章，连亲友都沾了光。这一段音域较高，具有咏叹调的色彩，加上男低音用一种故作威严的语气唱出来，刻画出了跳蚤狐假虎威，不可一世的样子。再加上用鄙视、义愤等不同语气唱出的笑声，为第三段演唱者用斩钉截铁、义愤填膺的语气唱出了人民不畏权贵，发自内心的呐喊：“要是它敢咬我们，就一下子捏死它！”随之而来的是用赞美的语气，发自内心世界颂扬的大笑，结束了全曲。

总之，语气是发自内心的、细致入微的情态表现。无论是陈述句还是疑问句，祈使句或是感叹句，以及由此产生的叙说、解释、哭诉、煽动、挑拨、判断、恳求、哀告、说服、劝诱、污蔑、诋毁、申斥、痛责、命令、追问、盘诘、反驳、嘲笑、讥讽、争辩、否定、疑惑、敷衍、搪塞、戏弄、关怀、冷淡、欣赏、赞美、品评、颂扬、敬仰、热情、关切、羡慕、惊叹、哀叹、镇静、恐慌、质问、生硬、傲慢、谦卑……均属语气范畴。只要准确把握歌唱语言的内涵情态，对丰富歌唱语言的艺术表现力一定会起到“锦上添花”之功效。

3. 语势

语气中所蕴念的丰富细腻的思想感情，要由一定的声音形态才能体现出来。歌唱语言的一个显著特点，就是能够传递远远多于词句表面所含有的信息。语音形式一旦出现在具体的呈动态的语言环境中，它的表现力会大大增加。这正是歌唱语言不同于文学语言的显著特点所在。从语气技巧的角度来看，如果说思想感情（包括感情色彩与逻辑、交流与共鸣诸方面）是语气的灵魂，那么，声音的形式就是语气的躯干。正因为语气的思想感情是丰富多彩，不断变化的，所以，它的声音形式也应该是纷繁多样，不断翻新的。否则，声音形式将无法包容色彩各异的思想感情。语气多变的声音形式，就是语势。

语势，是指一个句子在思想感情运动状态下声音的态势，或者说，是有声语言的发展趋向。

语势也包括气息、声音、口腔状态这三个方面多层次，多侧面的立体变化及多重组合。

气息方面：有气息位置深浅不同；吸入、呼出气息量多少的差别；吸气、送气速度快慢的区分。

声音方面：有高低、长短、强弱及音色运用上的变化。

口腔状态方面：每一个不同的声母，都有其不同的成阻、持阻、除阻的特定位置；每一个韵母都有其口腔开、齐、合、撮的不同变化。

语势中这三个方面的多重变化及多重组合，正是有声语言的立体表现。这种表现，在一个句子中的句首、句腰、句尾都依据具体的思想感情显示出不同的势态。在句与句、段与段的衔接中，也存在着如何“承上”，又怎样“启下”的选择。只有曲折多变的语势，才能成为具体丰富的思想感情的载体。语势的曲折性和波浪性，是语气丰富变化的外部特征。

〔1〕语势的种类

语势有五种基本形态。

（1）波峰类：语句的头、尾较低，句腰较高。

如：假如我是一只鸿雁。

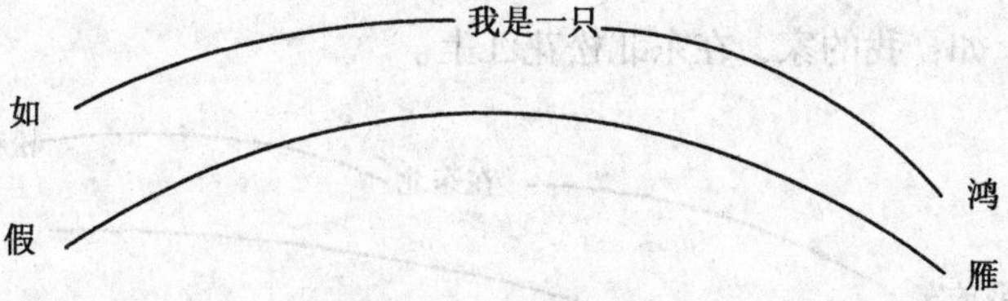

（2）波谷类：语句的头、尾较高，句腰较低。

如：海风阵阵愁煞人。

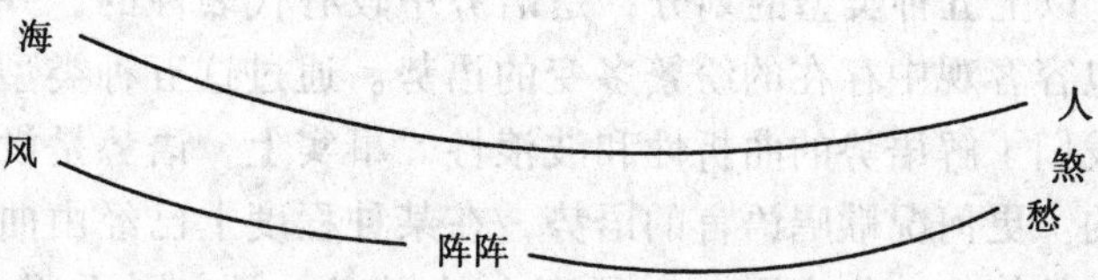

（3）上山类：语句的句头较低，然后逐渐上行，句尾最高。

如：一树红花照碧海。

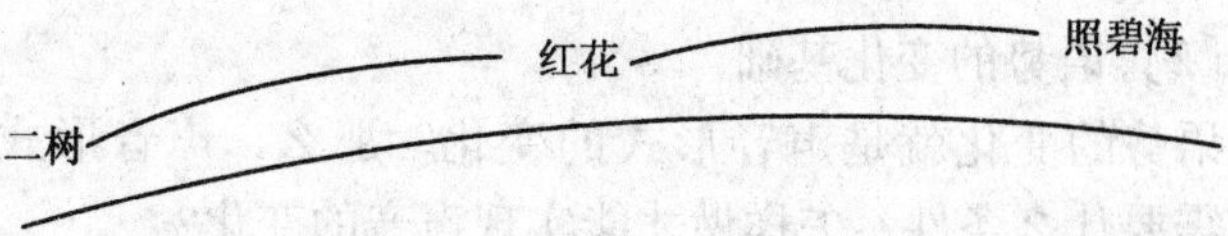

(4) 下山类：句头较高，然后顺势下行，句尾最低。

如：我的家在山西，过河还有三百里。

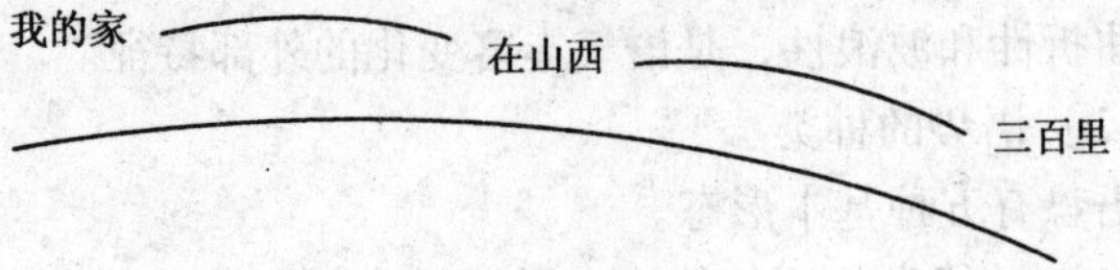

(5) 半高类：语句的句头稍低，句腰稍上升或有曲折，句尾又稍高，却又不到最高点，只升高一半。

如：我的家，在东北松花江上。

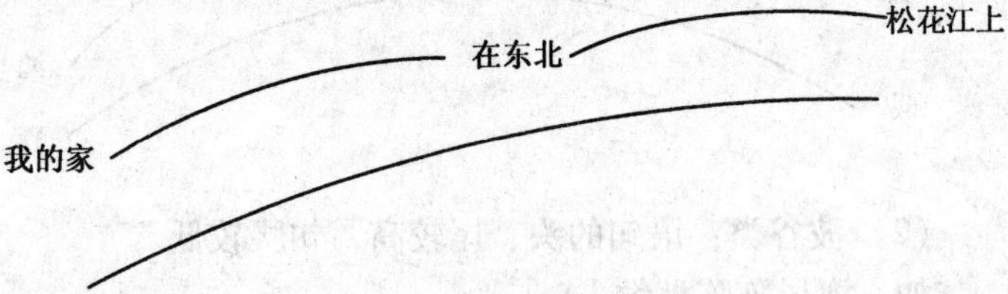

以上五种类型的划分，是语势中较有代表性的，并不可能包容客观中存在的纷繁多变的语势。通过这五种类型，是让我们了解语势的曲折性和波浪性。事实上，语势是没有规律的。更何况歌唱语言的语势，在某种程度上已经由曲作者写出的旋律，作出了一定程度上的规定。但它同语调一样，虽然受到旋律的制约，却也给演唱者留下了再创作的空间。所以我们还是很有必要了解，丰富、生动表现歌唱语言的这一基本技巧的。

〔2〕语势的变化基础

语势的变化就是声音形式的变化。那么，声音形式的变化，需要什么条件？怎样做才能实现声音的变化？

（1）要变声音先变状态

变声音是指语势的变化，变状态是指感情状态和发声状态的变化。变声音先变状态，是表达歌唱语言的原则和方法。说它是原则，是缘于歌唱语言中感情、气息、声音三者的辩证关系。说它是方法，是因为它抓住了声音变化的先决条件。

歌唱语言是演唱者在心理、生理、物理三个方面进行复杂的转换而形成的。歌唱语言的心理状态方面有两点。

① 歌唱前的总体心态，即演唱前的二度创作状态。

② 歌唱时随着歌词、旋律提示的规定情景而发展变化的具体心态。

歌唱语言的生理方面，是指在具体的思想感情支配下，大脑神经对发声器官、呼吸器官、各共鸣腔体的有效控制和指挥。

歌唱语言的物理方面，是指“基音”产生之后，在气息的带动下，在体内通过骨骼、肌肉的“强迫振动”，形成三个共鸣腔体的联合共鸣。并在气息的继续支持下，流动到体外形成“感应振动”。

概括起来讲：心理方面是声音形式发生变化的动因；生理方面是声音形式发生变化的条件；物理方面是声音形式变化的结果。具体地讲就是：要想赋予歌唱语言以丰富的感情色彩和生动多样的语势，必须首先变化具体的感情状态，并根据感情变化的具体状态，来调节气息、口腔和声音的状态，从而才能得到生动、准确的歌唱语言中所蕴含的具体思想感情的声音形式。

（2）语势变化的关键部位

任何一个语句（独词句除外）我们都可以用句首、句腰、句尾来大体划分类型。语句的首、尾承担着承上启下、衔接转换的重任。这里既包括情感方面的承上启下，又包括语言链条的承上启下，同时，歌唱语言还要顾及旋律的承上启下。所以，自然是语势变化的关键所在。语句的重音是语句目的的显露点，重音有机的与句中某一部位连接，也是语势变化的重要部位。

这些关键部位在具体思想感情的支配下，会产生气息、声音、口腔多方面、多层次、多侧面的具体变化，以及它们的重新组合。在这纷繁、复杂的变化过程中，要特别注意："句首忌同一起点，句腰忌同一波形，句尾忌同一落点"（张颂《朗诵学》）这一基本规律。"起点"包括起句的高低、快慢、轻重。句腰的"波形"是指一定要从不同的细微感受中，抓住不同的区别，使之有高低起伏、松紧疏密、强弱重轻方面的差别幅度，避免雷同。句尾的"落点"不仅根据具体思想感情的需要有音色上的变化，还要有强收、弱收、急收、缓收的区别。当然，歌唱语言这一切的语势变化，必须是建立在旋律语势变化的基础之上。绝不能因语势的变化，而破坏旋律的流畅性和完整性。由此可见，语调、语气、语势是歌唱语言中必不可少的重要的表现手法。我们在日常生活的对话中，自然就会运用这些手法。朗诵时也基本上能注意到这些手法的运用。唯独一到歌唱时，往往只注重了声音的洪亮、优美、圆润，而忽视了这些更有利于表现和揭示声乐作品思想感情，赋予歌唱语言更强生命力和感染力的艺术手法。导致这种现象出现的原因，主要是由于生活中的口语对话，大多表达了叙述者的切身体会和真实思想感情。朗诵时，诗词、散文的内容虽不一定是切身体会和自我感受，但由于没有旋律的制约，也较容易进行联想和内心视觉活动。而在歌唱时，所要表达的大多不是自我切身感受，还要想着旋律和发声方法的要求，所以容易顾此失彼，舍本逐末。值得引起我们足够重视的是：标准的语言，优美的嗓音，准确的节奏和旋律，对歌唱语言固然重要，但如果没有语调、语气、语势的“锦上添花”，其演唱绝不会达到“一声唱到融神处，毛骨悚然六月寒”的艺术境地。

第三节　感情色彩与音色力度

感情就是指人对与之发生关系的客观事物（包括自身状况）的态度的体验。不同的体验是以人的不同态度为转移的，因此感情和情绪是人对客观事物态度的一种反应。

1. 感情色彩的三种属性

感情有三种属性：强度、持续时间和性质。

强度是一种尺度，如“略觉气愤”、“气愤”、“很气愤”、“非常气愤”。

持续时间是指一种感情由弱到强或由强到弱，这种感情状态可能延续的时间过程。这个过程可能是短暂的、瞬间的，也可能是长久的、永恒的。

性质是感情由单一类别向复杂类别的积累、发展。

感情强度属性又派生出强度不同的三种感情形态。这就是激情、心境与热情。

激情：是一种强烈而具有暂时勃发性的感情或情绪，它能在瞬间爆发出巨大的感情能量。在生理上的特征是：心跳和呼吸都有较明显的变化。在心理上的特征是：表现出高度的活跃或抑制，注意力处于高度的集中。

心境：是一个人在某种环境或某段时间内所具有的一种持续性或一般性的感情或情绪状态。在某种环境和某段时间内，往往以同样的情绪看待一切事物，此时的一切心理活动都染上了一定的感情色彩。它的感情能量强度小，是弥漫性、平淡地溢出的感情色彩。它来自于对生活和客观事物长久的、潜移默化的感受，取决于自己对客观事物的立场和观点。它不指向于确定的事物，具有广泛性和普遍性。

热情：则是对某一具体客观事物而产生的、较深厚坚定的感情。它的目标明确，有冲动感，急欲发泄而后快。它的行为过程往往伴有意志活动。

感情的三种属性和由此而产生的三种形态，在歌唱语言的二度创作中，往往是一种综合的体现。创作热情必须有良好的心境，而激情的运用则因人、因作品所提示的外延和内涵各有所不同。但感情是一切创作的动力和源泉，它对加深认识客观事物的多维性，对更精细、更准确地把握作品内涵的尺度，都将会提供依据。

歌唱语言既是思想感情、心理状态和精神面貌的反映，就必然会带有丰富的感情色彩。例如：欢快、幸福、忧伤、悲愤、沉痛、憎恨、舒畅、狂暴、渴望、焦虑、激动、平静等等。但不论哪一种感情色彩，都离不开喜、怒、哀、乐、爱、憎、欲这七种感情基调。

歌唱语言既然是抒发感情的一种有声形态的艺术表现形式，它的感情色彩必然会与音色的变化联系在一起。因为人的喜、怒、哀、乐、爱、憎、欲这七种感情基调，在通过歌唱语言进行表达时，必须通过不同的声音色彩来进行刻画和描绘。很难想象用同一种音色会表现出一个人形形色色、千变万化的内心活动。因此说，只有精确地把握了作品内涵的感情色彩，再通过根据各种感情色彩所需要的不同音色、力度的变化，演唱出来的声乐作品，才会感人动听，引起强烈的共鸣。

2. 音色与声音力度

音色，在这里仅指由人的发声器官、共鸣器官、呼吸器官及与之有关的肌肉群，在大脑神经和脊神经的指挥下，协调各器官的有机配合运动，所发出的乐音的色调。

力度，在这里仅指歌唱语言中，声音强弱的对比和变化。如果说歌词和旋律是一幅油画的素描草图，那么音色和声音力度就是完成油画的各种颜料。

音色是绚丽多彩的。诸如：明亮、圆润、华丽、朴实、高亢、晦暗、刚劲、柔和、尖锐、沉滞等等。每个人都有其独具的音色，如同世界上没有两片完全一样的树叶一样。但每个歌唱者在保持其基本音色的前提下，在演唱不同声乐作品的时候，随着作品内容的不同和感情变化的不同，都应具备调整音色和声音力度的能力。而且为了将作品处理的更加准确、细腻，必须使音色和声音力度有丰富的变化。例如：激昂的感情需要高亢、明亮的音色和较强的力度；深切的感情需要柔和、圆润的音色和较轻的力度；悲壮的感情需要朴实、沉滞的音色和较重的力度等等。即使是在同一感情基调的声乐作品中，音色和力度也不是一成不变的。因为同一感情基调的作品中，乐句与乐句、乐段与乐段之间，都会有细微的感情色彩变化，所以音色和力度都要服从感情色彩的变化而变化，力求使声音与作品内涵及感情色彩相统一，更加完美地表现作品。

3. 感情色彩与音色力度的具体运用

下面，将《松花江上》这首艺术歌曲进行分析，来具体论述歌唱语言中感情色彩和音色力度变化的关系。

《松花江上》词曲作者张寒晖（1902—1946），作于 1937 年 11 月的西安市。这是一首用血和泪谱写的、饱含着作者对祖国、对中华民族炽热的爱，对日本帝国主义占我国土、杀我无辜无比的恨，是发自内心深处的强烈呐喊！是表现“九一八”事变后，流亡的人民思恋故乡、渴望尽早赶走日本侵略者、收复失地与亲人早日团聚的叙事性抒情歌曲。是带尾声的二部曲式结构，倾诉性的音调贯穿全曲。旋律以反复咏唱的方式引申展开，环回萦绕，逐渐推向高潮。是从含着热泪的倾诉到哭诉，最后是撕心裂肺的呐喊，激励人民拿起武器，打回老家去！全曲情绪悲壮激愤，感情色彩和音色力度丰富、多变。

第一段是由二个基本相同的平行乐段构成，共 20 小节。旋律采用明朗色彩的大调式，节奏宽广，表现了对故乡的赞美和思恋之情。

该段的感情色彩以怀念为主调，因此不宜用高亢、明亮的音色，而要用朴实、圆润的音色。同时声音力度不宜过强，保持在中等音量（f）即可。但唱到“还有那，衰老的爹娘。”这一句时，感情色彩发生了细微的变化。尤其是从第 18 小节开始，旋律也发生了变化，从高音 $\dot{1}$ 下行级进到中音 1，突出了哭泣的音调。感情色彩从赞美、怀念故乡，到思恋、惦念白发爹娘的生死、安危，增加了忧虑的感情色彩。此时的音色也应从朴实、圆润向晦暗、沉滞转换。同时声音力度也应从 f 减弱到 fp 为宜。在唱到“爹娘”这两个字时，应该运用腰腹部控制气息肌肉群的颤动技巧，使音色变成略带抖动的哭腔，进一步刻画出此时欲哭无泪的意境。

第二段的前半部分，从 21 小节到 40 小节，旋律在小调式上展开，是两个基本相同的乐句，也是全曲的第一个高潮部分。旋律从中音 1 一个 8 度大跳到高音 $\dot{1}$，并继续提高到高音 $\dot{2}$。这是扣人心弦的呼号，正是从“九一八”那天开始，多少人流离失所，多少人家破人亡，所以张寒晖说：“我把北方娘们在坟上哭丈夫、哭儿子的那种哭声，变成《松花江上》的曲调了。”此处悲剧效果强烈，情绪激昂。感情色彩从怀念、忧虑转向了悲愤、憎恨。音色也应从晦暗、沉滞转换到高亢、明亮。声音力度应由 fp 转到 ff。

但从第28节“从那个悲惨的时候”开始，悲愤、憎恨的感情色彩又转向了凄苦、辛酸、无奈的情绪中去，并将这一情绪一直延续到第40小节的“流浪”。音色也应由高亢、明亮向晦暗、沉滞转换，到40小节的“流浪”时音色应更加暗淡。声音力度也应从ff向f转换，直至到fP。

第二段的后半段，41小节到52小节，也是由两个基本相同的乐句组成。曲调由小调式向大调式过渡，情绪逐渐由凄苦、辛酸、无奈向激昂、奋进转换。虽然是问句结构，实际上是满怀对胜利的渴望和一定要收复失地的坚定信心。这部分是全曲的第二个高潮，旋律一步步向上推进，从中音3到高音1，又到高音2，并首次出现了全曲的最高音3。

此时的音色应由晦暗、沉滞再次转向高亢、明亮、刚劲有力。声音力度也应从fP转向f，最后到ff。“宝藏”两个字，由于感情表达的需要，应注意喷弹力和保持住韵母口形，然后在ff的力度上归韵收声。

结尾段是从53小节到61小节。该段以“哭坟”式的呼天喊地、撕心裂肺的旋律，从全曲的最高音3开始，回环下降，呼爹唤娘，淋漓尽致地表现了悲痛欲绝的感情色彩，催人泪下。从53小节至56小节，音色应在高亢、明亮的基础上，明显地加入哭腔。尤其是第一个“爹”字，要运用“紧咬缓发”一下子迸出的喷口发声技巧，使听众感受到强烈的震撼力。音量仍保持在ff上，不能减弱。但在57到58小节时，音量减弱至f，音色稍稍转暗，悲愤的情绪中蕴藏着巨大的抗争力量。从59小节到61小节，情绪从蕴含中逐渐迸发出来，音色渐步转向雄壮、高亢，音量逐渐加强，似悲壮的呐喊，似催人的号角，激励人民不怕牺牲，打回老家去！（附《松花江上》谱例）

《松花江上》

1=$^\flat$E $\frac{3}{4}$

中速

张寒晖 词曲

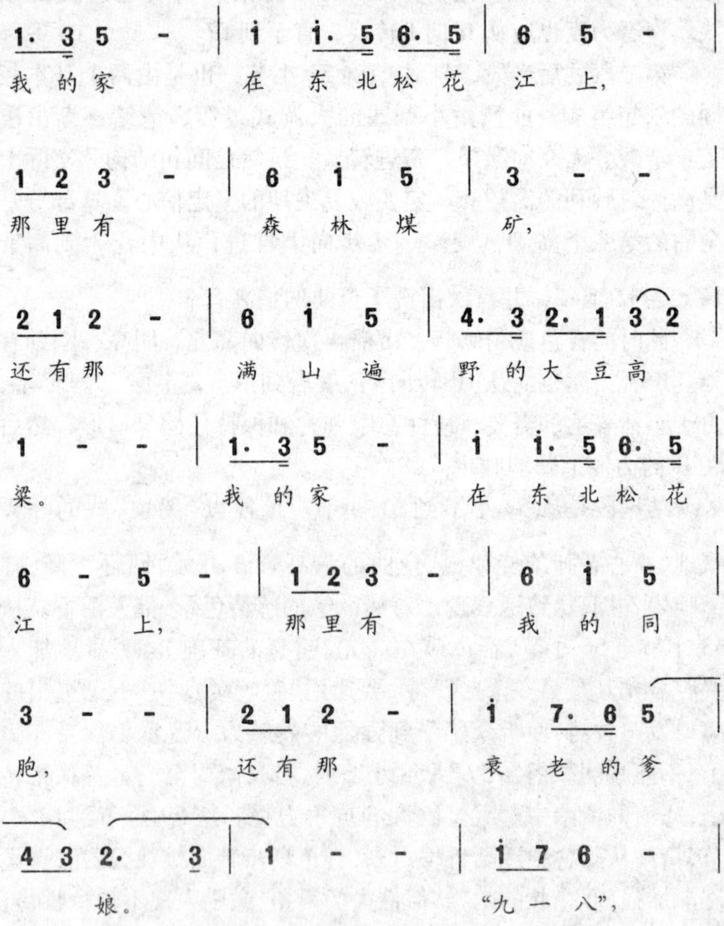

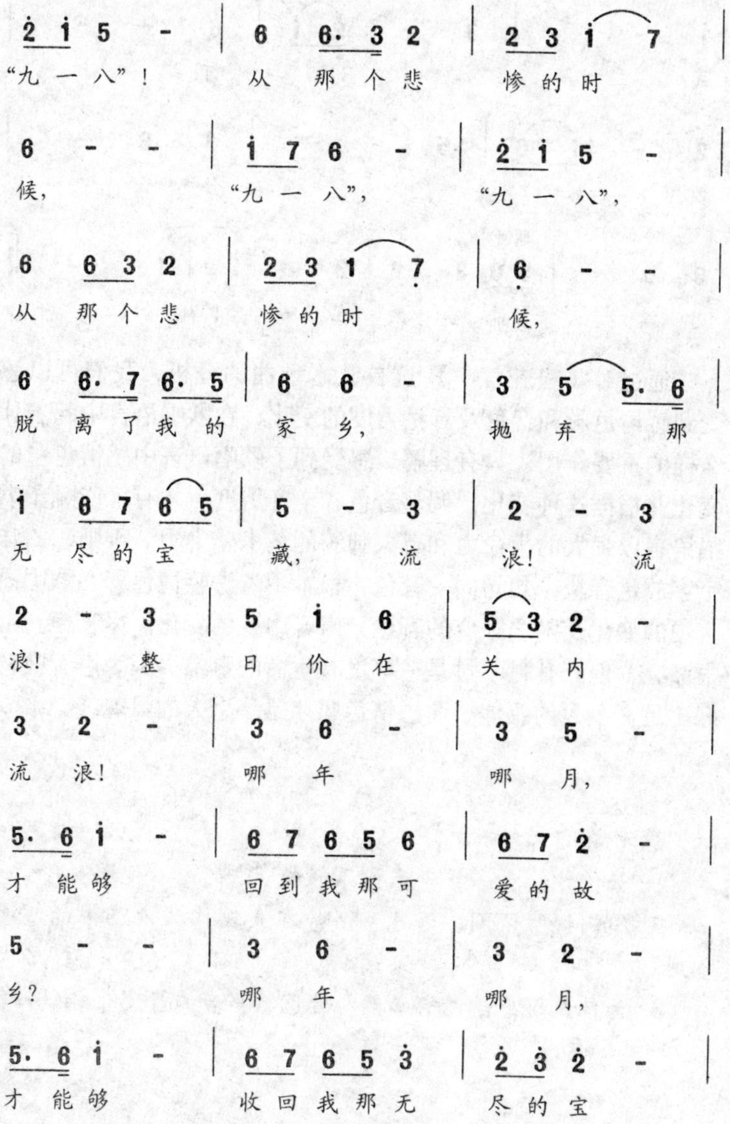
“九 一 八”！ 从 那 个 悲 惨 的 时
候， “九 一 八”， “九 一 八”，
从 那 个 悲 惨 的 时 候，
脱 离 了 我 的 家 乡， 抛 弃 那
无 尽 的 宝 藏， 流 浪！ 流
浪！ 整 日 价 在 关 内
流 浪！ 哪 年 哪 月，
才 能 够 回 到 我 那 可 爱 的 故
乡？ 哪 年 哪 月，
才 能 够 收 回 我 那 无 尽 的 宝

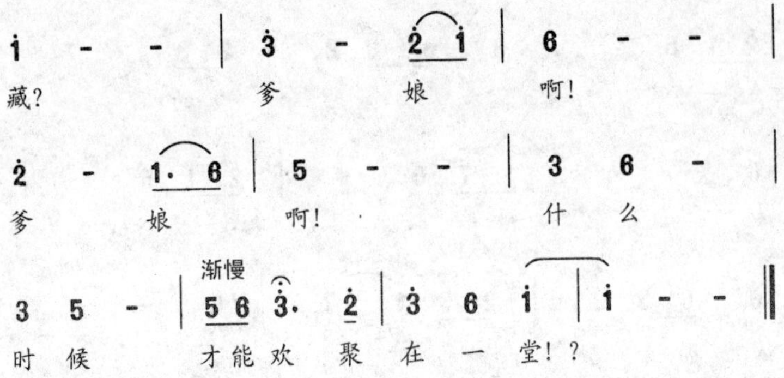

通过对《松花江上》这首艺术歌曲的分析，我们可以感受到感情色彩和音色及音量力度的变化，在歌唱语言中起着什么样的重要作用。只有理解、感受到了歌唱语言中感情色彩的变化并根据这种变化，调整音色和声音力度，才有可能赋予歌唱语言以强大的生命力和感人肺腑的艺术感染力。否则，一味字字放足音量，句句同一音色，根本不考虑感情色彩在歌唱语言中的变化及随之呼应的音色、声音力度的变化。尽管声音上很漂亮，但充其量不过是一尊没有生命的雕像。因为声音技巧好比是一个人的躯体，而感情色彩才是一个人的灵魂。

思考题

1. 如何才能对一首声乐作品形成清晰的内心视觉？

2. 举例说明语调、语气、语势在表现作品内涵中的重要作用。

3. 为什么说感情色彩必然与音色、声音力度变化相统一？

第十三章　歌唱语言的形象塑造

上一章我们讲授了歌唱语言的艺术表现手法。事实上，以上的各种手法都是为歌唱语言的形象塑造这一主要目的而服务的。因为任何一种艺术形式，都是以创造一定的形象为主要目的。歌唱，是具有时间性的、有声形态的一门艺术。它在有限的时空内，通过歌词和旋律的变化，体现出歌唱语言塑造的各种形象，并通过鲜明生动的形象，表现出我们对客观事物的思想感情，从而体现一定的主题意义。歌唱语言的形象，是通过分析、理解词、曲的内涵，感受到作品所提示的内心视觉，并通过语调、语气、语势和感情色彩及音色力度的变化，与旋律的有机结合后所产生的。通过拟声、拟形、拟情等表现手法，调动声音的变化手段，以神拟、情拟的描绘，创造歌唱语言艺术美的境界。在引导观众尽快进入歌唱语言所表现的具体意境中，使观众通过听觉、视觉的感观感受，引起与歌唱语言同样的内心共鸣。并通过联想产生的形象反映，形成听众诗情画意和情景交融的内心视觉，从而圆满地完成歌唱语言的塑造与接受任务。歌唱语言的形象性越逼真，欣赏者听、视觉形象的联想就越鲜明、越丰富，歌唱艺术的品位也就越高。所以，把握与突出歌唱语言的形象特征及其不同类型声乐作品的思想内涵，是形象的塑造歌唱语言的基础。

第一节　紧紧抓住形象特征

任何艺术形式的形象，都有其明显的形象特征，为了塑造好它的形象，首先要抓住它的形象特征。

歌唱语言的形象特征，从表现形式和特点上主要有抒情性和叙事性两大类型。

1. 抒情性歌曲

从广义上来说，抒情性歌曲，主要是直接或间接表达人们内心的愿望、追求、理想、欢悦、忧伤等思想感情的声乐作品。

抒情歌曲的形象特点，主要是以非确定性的人物来抒发对事物、景物、人物等具体对象的内心感受和思想感情。

非确定性人物，是指没有具体的姓氏人称。一般通过泛指的“我”、“我们”、“俺”、“俺们”、“咱”、“咱们”、“他”、“他们”、“你”、“你们”等人称代词来直抒胸臆，实际上这里的人称代词是概括的群体形象。例如：《我和我的祖国》、《我爱你中国》、《我们的祖国歌甜花香》、《我们是八十年代新一辈》、《咱们工人有力量》、《俺是公社的饲养员》、《毛主席关怀咱山里人》、《假如你要认识我》、《看见你们格外亲》、《送你一把泥土》、《祝你生日快乐》、《别问她是谁》、《教我如何不想他》，等等。

另外，还可以采取对具体对象的直接抒情表现方式。例如：《没有共产党就没有新中国》、《党啊，亲爱的妈妈》、《祖国慈祥的母亲》、《毛主席的恩情比山高比水长》、《周总理您在哪里》、《故乡是北京》、《黄河颂》、《北京颂歌》、《牡丹之歌》、《山丹丹开花红艳艳》、《草原上升起不落的太阳》、《天下黄河十八湾》、《台湾当归谣》、《克拉玛依之歌》、《老司机》、《我爱五指山，我爱万泉河》、《学习雷锋好榜样》、《解放军同志请你停一停》、《吐鲁番的葡萄熟了》、《在中国大地上》、《前门情思大碗茶》、《太湖美》、《人说山西好风光》，等等。

无论是哪一种抒情方式，既然歌唱语言是歌词与旋律有机结合的有声形态，那么在词、曲情感与形象表现上，就出现了与之相适应的各种体裁。抒情性声乐作品的主要体裁包括颂扬歌曲、进行歌曲、劳动歌曲、舞蹈歌曲、影视歌曲、诙谐讽刺歌曲、摇篮曲、小夜曲，等等。这些不同体裁的声乐作品，在歌唱语言中各有不同的形象特点。

①颂扬歌曲：在歌词的形象上，有赞颂的显著特点。往往是以写意的手法出现，有着广泛的题材。如对祖国、对领袖、对人民、对英雄业绩、对大好河山、对优秀品质等等，都可以讴歌赞颂。在旋律形象上，有宏伟庄重、宽广壮阔、激昂奔放、舒展深情等特点。曲式结构有繁有简，往往是多段体或有引子和尾声的曲式结构。

例如：《祖国颂》、《黄河颂》、《英雄赞歌》、《歌唱祖国》、《北京颂歌》、《雄伟的天安门》、《亚洲雄风》、《我爱梅园梅》、《颂歌献给毛主席》、《科学的春天来到了》、《春天的故事》、《走进新时代》，等等。

②进行歌曲（又称队列歌曲）：在歌词的形象特点上，简明扼要，直接达意，往往以写实的手法出现。旋律的形象特点是结构整齐，节奏鲜明，强调重拍，附点较多，以2/4或4/4拍的节奏出现。旋律雄壮高亢，节奏铿锵有力，大多以齐唱、合唱的形式出现。

例如：《中华人民共和国国歌》、《没有共产党就没有新中国》、《中国人民解放军进行曲》、《人民海军向前进》、《中国人民志愿军战歌》、《我是一个兵》、《三大纪律八项注意》、《学习雷锋好榜样》、《接过雷锋的枪》、《打靶归来》、《我们是共产主义接班人》、《团结就是力量》、《一、二、三、四歌》、《救亡进行曲》、《战斗进行曲》、《体育大军进行曲》、

《我们走大路上》、《运动员进行曲》等。

③劳动歌曲：劳动是人类社会不断发展的动力。原始的歌唱就是劳动中既是生理上的又是心理上的自发咏唱，协调动作，统一意志，鼓舞热情，减轻疲劳，顺应劳动时的节奏，抒发内心的感情。由此产生了“田歌”、“樵歌”、“渔歌”、“猎歌”、“牧歌”、“夯歌”、“舂歌”、“采茶歌”、“车水歌”、“拉纤歌”，等等。几乎任何一种劳动都伴随着歌唱。这种歌曲的歌词、旋律形象都是丰富多样的劳动生活的生动反映。它紧密地伴随着劳动人民的劳动性质与环境条件，变化与发展着节奏和旋律。或铿锵有力，或平稳舒展，或高亢嘹亮，或委婉悠扬，完全是不同劳动场景的真实显现。不仅显示出特定的个性特征，也体现出不同时代的不同精神面貌。要抓住这类歌曲的特征，还应了解不同时代、不同场景、不同民族的风土人情和语言特征。

例如：《大路歌》、《乌苏里船歌》、《川江号子》、《伏尔加船夫曲》、《采茶舞曲》、《伐木工人歌》、《卖报歌》、《小扁担三尺三》、《沿着社会主义大道奔前方》、《军民大生产》、《赶牲灵》、《牧歌》、《割莜麦》、《羊倌歌》、《编花篮》、《摘菜调》、《太阳出来喜洋洋》、《王婆养鸡》、《晴采桑、雨采桑》、《划龙船》、《放马山歌》、《黄河船夫号子》、《卖汤圆》，等等。

④歌舞歌曲：这里所指的歌舞歌曲不仅是歌舞剧中的选段和插曲，还包括运用歌舞曲节奏特点所谱写的艺术歌曲。这类歌曲的形象特点是：富有强烈的节奏感和律运感，具有浓郁的民族与地方风格，有着广阔的抒情性，具有别出异彩的音乐形象和鲜活的人物形象。

例如：《北风吹》、《太阳出来了》、《清粼粼的水来蓝莹莹的天》、《革命人永远是年轻》、《珊瑚颂》、《绣红旗》、《小草》、《黑龙江岸边一朵洁白的玫瑰花》、《一抹夕阳》、《洪湖水浪打浪》、《红色娘子军连歌》、《万泉河水》、《采茶扑蝶》、《新疆好》、《边疆处处赛江南》、《春之歌》、《蓝色的多瑙河》、《祝酒歌》，等等。

⑤影视歌曲：一般来说，影视主题歌或插曲，由于其歌曲主题的普遍意义，往往脱离了具体人物和特定的规定情节，而是以一般艺术歌曲来处理的。这类歌曲的形象特点是：抒情性、旋律性很强，歌词寓意较深，往往起着揭示影视作品主题的作用。因此，在演唱这种类型的歌曲时，一定要深刻挖掘，全面理解歌唱语言的内涵，及特定环境和时代背景。

例如：《我的祖国》、《谁不说俺家乡好》、《草原之夜》、《花儿为什么这样红》、《让我们荡起双桨》、《红星照我去战斗》、《牡丹之歌》、《大海啊，故乡》、《边疆的泉水清又纯》、《驼铃》、《少林，少林》、《世上只有妈妈好》、《永恒的爱》、《人鬼情未了》、《长江之歌》、《青春啊，青春》、《生死相依我苦恋着你》、《心中的太阳》、《少年壮志不言愁》、《敢问路在何方》、《爱的奉献》、《人生无悔》、《千万次地问》、《几度夕阳红》、《过上一把瘾》、《难忘今宵》、《滚滚长江东逝水》，等等。

⑥诙谐讽刺歌曲：这是一种具有喜剧风格的声乐作品。其歌词的特征是幽默、夸张，常采用比喻的手法来描写。旋律的特征是曲折、多变。

A：幽默诙谐的歌曲：《想亲亲》、《新货郎》、《瞧情郎》、《胖大嫂抱冬瓜》、《串门儿》、《大庆子》、《回娘家》、《昨天为你挨顿打》、《慢赶牛》、《十大姐》、《好似凉水落半坡》、

《照镜子》、《咕咕大谣》、《这很难说》、《爱挑剔的大姑娘》，等等。

B：讽刺歌曲：《古怪歌》、《茶馆小调》、《谁养活谁》、《你这个坏东西》、《跳蚤之歌》、《我，我，我的妈妈》、《妈妈要我出嫁》、《要个什么样的新娘》、《天堂和地狱》、《屋子里没有打扫》、《这就好》、《天堂》、《男低音的乐趣》、《传教士与奴隶》，等等。

⑦摇篮曲与小夜曲：这两种是比较典型的抒情歌曲。歌词特征是：亲切、达意、朴实、情深。旋律的特征是：安稳、平静、柔美、细腻、节律整齐、起伏不大、速度舒缓、力度较弱。

A：摇篮曲常为女中音演唱，音乐形象亲切、柔美、安详、静谧。如东北民歌《摇篮曲》，陈克正词，徐锡宝曲的《睡吧，我的小宝宝》，仲敏、一光词，袁勤德编曲的《幸福的宝贝》。印度尼西亚的民歌《宝贝》，捷克民歌《睡吧，我的小天使》，舒伯特的《摇篮曲》等都是久唱不衰的。另外，像法国的戈达、奥地利的莫扎特、德国的勃拉姆斯和俄罗斯的李亚多夫、巴拉基列夫、格列恰尼诺夫、佐罗托诺斯、阿鲁秋年、郝拉尼克夫以及墨西哥的卡赖、印度的查特赫亚、日本的平井康三郎、西班牙的法莱、英国的费里斯等著名作曲家，都谱写过风格各异的《摇篮曲》。

B：小夜曲，是源于欧洲十九世纪具有明显特征的抒情歌曲，由于一般是在黄昏、夜晚或清晨所唱的情歌，因而得名。旋律优美婉转、舒雅细腻，富有诗情画意，有动人心扉的艺术魅力。

如：我国的《十五的月亮》、《望星空》、《月亮走我也走》、《月夜琴声》、《草原之夜》、《半个月亮爬上来》、《在银色的月光下》等。另外像法国的古诺、德国的勃拉姆斯、俄罗斯的柴可夫斯基、法国的马斯涅、意大利的斯里戈、卡普阿、库尔蒂斯、比克肖、托塞里、托斯蒂以及巴西的科斯塔、西班牙的贝赫斯等著名作曲家，都创作了大批隽永的小夜曲。

2. 叙事性歌曲

这里讲的叙事性歌曲是指除了歌剧咏叹调以外的艺术歌曲。这类歌曲以叙事为主，在叙事过程中抒情达意。一般来说，叙事性歌曲的幅度容量比抒情性歌曲要长一些、大一些。长篇的还具有史诗性质。主要特征是选择一个生活侧面，去叙述一个完整的故事。更着重于人物形象和性格上的刻画，带有一定的故事情节，规定情景比抒情性歌曲更为明确。

叙事性歌曲的形象特点：主要是通过确定性的具体人物来抒发自己内心的思想感情，这里的人物都是有名有姓的，比抒情性歌曲中泛指的“我”更具体化，有时是带有戏剧性的角色。这是与抒情性歌曲的重要区别之一。

例如：中国近代作品有《木兰从军》、《兰花花》、《歌唱二小放牛郎》、《五哥放羊》、《江河水》、《孟姜女》、《牛郎织女》、《新编走西口》、《真像一对亲兄弟》、《库尔班大叔，您上哪儿》、《逛新城》、《八月十五月儿明》、《老房东查铺》、《歌唱光荣的八大员》、《水兵见到了毛主席》、《真是乐死人》、《听妈妈讲那过去的事情》等。外国作品如:舒柏特的声乐套曲《美丽的磨坊姑娘》、《冬之旅》，艺术歌曲《魔王》，舒曼的《两个掷弹兵》，勒威的《爱德华》等。

在演唱叙事性艺术歌曲时，一定要注意人物的刻画，角色的形象表现和规定情景的展示。

以上讲述了歌唱语言形象塑造的首要问题——抓住形象特征。仅仅抓住歌唱语言的形象特征，还不足以生动的塑造歌唱语言的形象。在抓住形象特征的前提下，必须注意充分展示歌唱语言所创造的情景和意境。

第二节 充分挖掘情景意境

情景，是指艺术作品中所创作或提示的一定场合的时间、地点、环境、背景、情节、感情等具体情况与景象。

意境，则是指艺术作品通过形象的描绘，所展示出来的情调境界。

歌唱语言形象的塑造和展示，是根据歌词和旋律所提供的情景，去创造和表现出有声形态情感的意境，而情景和意境往往仅从歌词和旋律的表面，是感受不完全的。只有靠演唱者在日常生活中，细心观察，日积月累，不断扩大知识面，经过细心的分析，才有可能挖掘出在词曲背后的、深层次的情景和意境。而歌唱语言的形象塑造，也只有在进入规定情景后，才有可能准确地体验与感受到作品的意境。很难想象，一个在都市中长大的孩子，如果没有导演的提示和自己的努力，他能演像六十年前在重庆卖报的报童？如果没有一定的历史知识、文学修养，她将如何把握距今已二千二百多年、秦朝时代孟姜女哭长城时的歌唱语言形象。所以说，要想准确、生动地塑造歌唱语言的艺术形象，除了要掌握科学的发声技巧和歌唱语言的特点和规律之外，还必须不断提高自身的文化修养和观察、体验、积累生活素材的本领。只有具备了以上条件，才有可能设身处地的“立心代言”。因为“言者，心之声也，欲代此一人立言，先宜代此一人立心。若非梦往神游，何谓设身处地。无论立心端正者，我当设身处地，代生端正之想。即遇立心邪辟者，我亦当舍经从权，暂为邪辟之思，务使心曲隐微，随口唾出，说一人肖一人，勿使雷同，弗使浮泛”（清代·李渔

《闲情偶寄》)。李渔老先生这里所言的“身”就是指艺术作品中的人物,“地”就是指作品中人物所处的具体情景。表演者在刻画这个人物的时候,要随作品中人物所处情景、情节、感情的发展变化,做到“梦往神游”,通过感受、联想和内心视觉,掌握人物的音容笑貌、举止言行,甚至把自己完全溶化进去。时而扮演“立心端正”的“正人君子”,时而扮演“立心邪辟”的“势利小人”。从而把规定情景中的人物“随口唾出”,产生“说一人肖一人”的艺术效果。

当然,歌唱语言的形象塑造与感情表达,还不仅仅是“立心代言”,这里的情与景还有着相互依存的另一方面含义。即“在心”为情,“在物”为景。犹如“登山则情满于山,观海则意溢于海”(刘勰:《文心雕龙·神思篇)。或“悲落叶于劲秋,喜柔条于芳春”(陆机《文赋》)。其中山、海、落叶劲秋、柔柔芳春之景,与情、意、悲、喜之情,完全融为一体。从而达到由“景”生“情”,唱出的“情”则由“景”而触发。而当其“景”注入“情”后,则“情”愈发浓郁。达到“情景相生”、“景情交融”之意境。只有这样,歌唱语言在“神与物游”的同时,方可以“寂然凝虑,思接千载;悄焉动容,视通万里;吟咏之间,吐纳珠玉之声;眉睫之前,卷舒风云之色”(刘勰:《文心雕龙·神思篇》)。在“情”与“景”的交融之中,在“寂然凝虑”之时,可以感受、联想到上下几千年的情景。如:

大江东去,
浪淘尽千古风流人物。
故垒西边,
人道是三国周郎赤壁。
乱石穿空,

惊涛拍岸，
卷起千堆雪。
江山如画；
一时多少英雄豪杰！
遥想公瑾当年，
小乔初嫁了，
雄姿英发。
羽扇纶巾，
谈笑处樯舻灰飞烟灭。
故国神游，
多情应笑我，
早生华发。
人生如梦，
一樽还酹江月。

——宋·苏轼《念奴娇·赤壁怀古》

寥寥数语，一千八百多年前三国时期的那场赤壁大战，勾勒在我们面前。当年叱咤风云的英雄豪杰，早已驾鹤西去，而这段古词，却使人仿佛觉得他们依稀又见。这显然是“悄焉动容”。顷刻刹那之间，可以凭藉着内心视觉纵横万里天地。不是吗：

任脚下响着沉重的铁镣，
任你把皮鞭举的高高，
我不需要什么自白，
哪怕胸口对着带血的刺刀！
人，不能低下高贵的头，
只有怕死鬼才会乞求“自由”。

毒刑拷打算得了什么？
死亡也无法叫我开口！
对着死亡我放声大笑，
魔鬼的宫殿在笑声中动摇；
这就是我——一个共产党员的自白，
高唱凯歌埋葬蒋家王朝。

——陈然《我的自白书》

何等的铮铮铁骨，顶天立地的英雄气概！是的“吟咏”之间，耳边何尝不能听到“吐纳珠玉”之声哪！

五谷的芳香飘荡在中国大地上，
肥壮的那个牛羊奔跑在中国大地上，
中国大地上。
一声声的唢呐唱出古老的向往，
一阵阵的锣鼓道出崭新的酣畅。
你看那小麦、大豆、棉花、高粱，
装满了谷囤，装满了谷囤粮仓。
你看那田埂、鱼塘、果园、牧场，
到处是丰收景象。
镰刀和斧头闪光在中国大地上，
蓬勃的那个太阳升腾在中国大地上，
中国大地上。

——晓光《在中国大地上》

锣鼓酣畅，五谷飘香，党的十一届三中全会以后，中国大地上，发生了翻天覆地的变化。自然“寂然凝虑”的遐想中“眉睫之前，卷舒风云之色”。

北国风光，
千里冰封，
万里雪飘。
望长城内外，
惟余莽莽；
大河上下，
顿失滔滔。
山舞银蛇，原驰蜡象，
欲与天公试比高。
须晴日，看红装素裹，
分外妖娆。
江山如此多娇，
引无数英雄竞折腰。
惜秦皇汉武，
略输文采；
唐宗宋祖，
稍逊风骚。
一代天骄，
成吉思汗，
只识弯弓射大雕。
俱往矣，
数风流人物，
还看今朝。

——毛泽东《沁园春·雪》

一组长镜头，纵横千万里，风光绮丽，雄壮豪迈；一组蒙太奇，上下两千年，多少英雄豪杰，着意刻写，景引情发，情抒景衬。高瞻远瞩，俯瞰江山，宏论千古，长吟抒怀壮志，短赞评古论今，翱翅的内心视觉，闪现出历史的长虹。确是“精骛八极，心游万仞”，“观古今于须臾，抚四海于一瞬。”（陆机:《文赋》）思与境偕，展示了非凡的情景，交融的意境。

歌唱语言艺术美的情景产生，是听视觉艺术形象感受的最高境界。古人云：“以境界为最上，有境界则自成高格”（王国维《人间诗话》）就是这个道理。塑造歌唱语言的形象基础，自然是强烈饱满的激情、渊博的学识及其歌唱语言技巧和谐完美地充分发挥，并把爱憎分明的思想感情，倾注于丰富多彩的生活画卷，展示出听感意境的动人震撼力。如果说，“意”是歌唱语言的主观情意，“境”是生活图景的客观现实的话，那么，主观与客观、意与境的水乳交融，和谐渗透，才可能创造出富有生命力与感染力的艺术形象来。

思考题

1. 举例说明抒情性歌曲的形象特点。

2. 举例说明叙事性歌曲的形象特点及与抒情性歌曲的重要区别。

3. 为什么说只有通过充分挖掘作品的情景意境才会成功的塑造歌唱语言的形象特征?

第十四章　歌唱语言的艺术风格

“风格”一词源于希腊文，本义是表示一个长度大于厚度的不变直线体：бτυλos，译为“木堆”、“石柱”，“雕刻刀”。希腊人取了后一种含义，并加以引申，用以表示“写字的方法”、“说话的方式”、“演讲的技巧”、“语言的类型”，还称作“用文字装饰思想的特定方式”。近代瑞士的著名语言学家德·索绪尔（Ferdinand de Saussure）认为，“风格是个人语言的特点”（索绪尔《普通语言学》）。他的学生，瑞士语言学家巴里（Charles Bally）在1905年，第一个写出了关于风格学的专著《风格学概论》，也认为“风格是说话者个人语言感情的表达特点”。把风格限定在语言的范围内，从而为语言风格的研究奠定了基础。

在我国，汉语中“风格”一词始出于晋朝，最早把“风格”用来评论文章，进行文学批评的则是南朝（梁）刘勰的《文心雕龙》。刘勰在《文心雕龙》的《议对》篇中评陆机的文章时说：“及陆机断议，亦有锋颖，而辞弗剪，颇累文骨；亦各有美，风格存焉。”到了唐代，艺术发达，风格成熟的作家、艺术家甚多，谈论风格的人也多起来了。杜甫在《苏端薛复筵简薛华醉歌》中说：“坐中薛华善醉歌，歌辞自作风格老。”至此，风格已经指作品的风度和气派，和现代的所谓风格有些接近了。唐以后，评论风气发展，风格的理论研讨日精，风格概念运用渐广，及至扩大到文学艺术评论的各个领域。

风格属于美的范畴。创作主体用属于他自己的独特手段，去揭示某种艺术美的本质和规律。但是，这种手段必须达到把艺术美的本质和规律揭示出来的目的，两个方面，缺一不可。如著名的美学家王朝闻所言：“在具有真正的风格的作品中，我们看到艺术家对现实的反映，一方面具有不可重复的独创性，另一方面这种独创性又正是客观真实的深刻的揭示。脱离现实的真实反映的‘独创性’或‘风格化’，不过是艺术家的主观任意性的表现，它不可能形成与艺术的真实性相一致的风格，而只能产生虚假的、肤浅的以至歪曲现实的‘风格’。”（王朝闻《美学概论》）

歌唱语言的艺术风格，实际上是歌唱语言创造声腔美的各种形态的表现。这就必然与演唱者特有的音质、音色，共鸣腔体的运用，气息的控制，感情处理的独特方式，以及演唱者本身的文化艺术素质和审美观念有着直接、密切的关系。这里仅从三个方面阐明。

第一节　独创性

独创性是风格的生命。歌唱语言的独创性则指每一个演唱者对创造声腔美所独具的理解和表现能力。它反映在一个演唱者生理条件上的不同、音色上的不同、声音观念上的不同，演唱方法上的不同和对作品理解、感受上的不同。京剧麒派的创始人周信芳老先生就是一个典型的例子。

因为在创作主体和创作对象之间，存在着一定的内在联系，即美的形态是多种多样的，因而表现的方法同样是各异的。这是客观存在，是不以人的主观意志为转移的。在审美观点和自身条件不同的情况下，每一个演唱者都有属于自己发现和创造歌唱语言美的方法和手段。这种主客体之间的内在联系，是在长期的艺术实践中才能发现并逐渐形成的。

比如，有人（尤其是涉足演唱艺术时间不长的人）在歌唱语言的表现中，根本不顾及自身和客观条件，而去刻意模仿自己所崇拜的某位歌唱家。我们暂且不谈模仿者和被模仿者之间的声音、生理条件是否一样，演唱技巧是否等同。模仿的再逼真，也只不过是模仿了别人声音上的一个外壳。而深层次的、内心视觉上的感受是永远模仿不到的。再说，如果大家都互相模仿，都用同一个腔调，那岂不是千口一腔，千人一面了吗？没有了创作个性，当然也谈不到什么艺术风格了。

当然我并不反对一个想掌握歌唱语言技巧的初学者，以某位歌唱家的声音，作为帮助自己建立正确声音观念的“镜子”，或赶超对象。但模仿，是声乐学习初级阶段中，众多方法中不科学的方法之一。重要的是：在逐步学习，逐渐掌握科学的、正确的歌唱语言技巧的过程中，在不断提高自身思想修养、文化知识结构、审美观念的基础上，发现和挖掘自身的潜在素质，以自己真实的内心感受和实际能力，去展示具有自己特点的解释作品的声腔美，才有可能达到一定的境地。

同是美声唱法的莫华伦、黄跃峰、王秀芬、幺红，同是民族唱法的彭丽媛、宋祖英、阎维文、吕继红，同是通俗唱法的刘欢和唯韦、江涛、李娜，还有著名歌唱家刘秉义、李双江、殷秀梅等，都是声乐事业上的成功者。为什么人们只要一听声音，就能够准确无误地把他（她）们分辨清楚呢？主要是因为他们都能够根据自身的实际情况，用属于自己的独特方式，去揭示了歌唱语言声腔美的本质和规律，从而形成了自己独特的艺术风格。

第二节　民族性

歌唱语言的艺术风格，除了具备鲜明的独创性以外，还应植根于深厚的民族土壤之中。从某种意义上讲，越具有民族性，也就越具有世界性。

每个民族都有自己的文化传统和民族风格，这是因为不同的民族由于政治、经济环境的制约，地理环境的差异，社会风尚、习惯的影响，所产生的民族共同感情、心理，所显示出来的民族特征。别林斯基说："法国人的民歌常常是放肆的，永远快乐的，德国人的民歌沉郁或有宗教气味，俄国人的民歌则阴郁、沉思、有力。"（别林斯基《论人民的诗》）鲁迅也说过："法人善于机锋，俄人善于讽刺，英美人善于幽默。"（鲁迅《准月风谈·"滑稽"例解》）歌德则说："中国人在思想、行为和感情方面，更明朗，更纯洁，也更合乎道德。"（《歌德谈话录》）他们都从不同角度道出了不同民族的民族素质、民族风格和民族精神。

中华民族是一个勤劳、智慧、勇敢、顽强、坚定、自信、豪迈的伟大民族。其民族精神的内涵，既有其区别于世界上其他民族的独特性，又有因为它是由五十六个不同民族组成的其丰厚性。所以，其风格上的民族特征是不可能互相替代的。如内蒙古辽阔豪放的大草原环境，造就了蒙古族歌曲旋律悠长舒展，节奏奔放、自由的特点；而生活在青藏高原上的藏族人民，则创造了质朴细腻，节奏整齐的声乐旋律；维吾尔族的民歌则在委婉深情的旋律中具有强烈的节奏感；而同是生活在新疆这块地域上的哈萨克族的歌曲，却又以嘹亮高亢见长；苗族、瑶族的民歌古朴情深；鄂伦春族的民歌则粗犷有力……同样，世界其他民族的歌曲都以其各自独特的民族风格，展示了歌唱语言的声腔美。像朝鲜的民歌，旋律灵活多变，大多以三拍子、六拍子、九拍子的节奏型体现其载歌载舞的民族特点。而日本民歌节奏缓慢，一词多音的特点却很显著。英国的民歌则通常具有五、七拍与二、四拍交织在一起的波状旋律与鲜明的节奏。德国民歌则曲谱简洁，节奏单纯，旋律富于概括性，没有过多的装饰。意大利民歌则具有生动流畅热情浪漫的色彩……总之，各个民族都十分鲜明地显示了个性，表现出各具特色的声音情态。

作为一名声乐工作者，既要唱好本民族的声乐作品，也要根据自己的综合条件，尽可能多地掌握各民族的演唱风格，扩大自己歌唱语言的艺术表现力，并从中汲取各民族的精髓，为早日建立自己歌唱语言的艺术风格，积累宝贵的财富。

第三节　时代性

任何艺术风格的形成，都同时代密切相关。所有艺术家的创作个性，都带有其深刻的历史必然。艺术是社会生活的形象反映，歌唱语言艺术无论是歌词还是旋律，都必须反映一定历史时期的时代风貌，体现出时代的强烈气息。正如恩格斯在《社会主义从空想到科学的发展》一文中指出的“没有能超出他们自己时代所给予他们的限制”。鲁迅先生也指出：“风格情绪之类，不仅因人而异，而且因地而异因时而异。”（鲁迅《准月风谈·难得糊涂）都明确地指出了时代对歌唱语言艺术风格形成的重要作用。

从“诗经”到“楚辞”，从汉魏六朝的乐府民歌到盛唐时期的《霓裳羽衣曲》，直至“宋词”，“元曲”，无一不有明显的时代烙印。

“五四”以来涌现出的歌曲：《教我如何不想他》、《我住长江头》、《满江红》、《毕业歌》、《玫瑰三愿》等，以崭新的风格、清新的旋律，表现出中国人民渴望民主、渴望科学的强烈爱国主义精神。抗日战争时期，民族危亡迫在眉睫，拿起武器，把日本侵略者赶出中国去的特定时代情绪，在《黄河大合唱》、《大刀进行曲》、《在太行山上》、《抗日军政大学校歌》、《到敌人后方去》、《松花江上》、《游击队之歌》、《义勇军进行曲》等声乐作品中，鲜明地表现出来。那激越高亢的旋律和急促奋进的节奏，成为抗日战争时期歌曲的典型音调。它们唤起多少爱国志士投身到火与血的抗日战场上。

解放战争时期，在中国共产党的领导下，人民武装力量日益壮大，反映在歌曲旋律上，充满了革命乐观主义和必胜的信念。如：《咱们工人有力量》、《乘胜追击》、《跌倒算什么》、《团结就是力量》、《解放区的天》、《战斗进行曲》、《行军小唱》、《太阳一出满天红》等，唱出了这一时代中国人民的精神风貌。

1949 年 10 月 1 日，毛泽东主席在北京天安门城楼上，向全世界庄严宣告："中华人民共和国成立了！""中国人民从此站立起来了！"中国人民以前所未有的极大热情和青春活力投身于社会主义建设中去。那宽广明快的旋律和欢腾热烈的节奏，充满了中国人民从此当家作主的自豪感。《歌唱祖国》、《祖国颂》、《社会主义好》、《让我们荡起双桨》、《唱支山歌给党听》、《我们走在大路上》、《全世界无产者联合起来》，等等，形成了鲜明的社会主义建设时期的音乐形象。

1978 年 12 月，党的十一届三中全会以后，中国人民迎来了社会主义祖国的第二个春天。中国巨轮沿着改革开放的总设计师邓小平同志制定的航线，乘风破浪，满怀信心地驶向 21 世纪。从《春天的故事》、《好日子》、《在希望的田野上》、《祖国，我为你干杯》、《走进新时代》、《拥抱 21 世纪》等等优秀作品中，我们可以充分感受到改革开放二十年多来，中国人民取得的举世瞩目的伟大成就和中国人民有能力、有信心自立于世界民族之林的英雄气概。

时代风格的表现，是反映历史的必然。所以，我们在歌唱语言的艺术风格上，一定牢牢记住要具有鲜明、健康的时代气息。

歌唱语言艺术风格的建立，除了要把握以上三个主要方面以外，还应注意附着性、可感性、一贯性、多样性、地域性、生活性、性格性等其他方面的风格特征及风格成因、风格体现的因素。只有这样，才能创造出具有中国气魄和民族特征的、丰富多彩的艺术风格。

思考题

1. 为什么说独创性是艺术风格的生命，民族性是艺术风格中的主根，时代性是艺术风格的必然？

2. 如何才能形成自己的艺术风格？

第十五章　歌唱语言的呼吸方法及运用

古今中外的声乐教育家、歌唱家无一不认为：呼吸是歌唱的生命、动力和基础。“只有知道怎样呼吸的人才能唱歌”（英·弗尔赛著《嗓音训练》）。“歌唱者首先要学习的就是对气息的掌握”（意·麦肯兹）。“一个歌唱者能否踏上成功之路，首先要看他对呼吸器官的操纵和运用是否建立了强固的基础”（意·卡鲁索）。我国古代也早就有了“善歌者必先调其气”之说（唐·段字节）。还有“夫气者、音之帅也”、“气催声响，声靠气传，气停声止，无气不发声”有关气息在歌唱中重要作用的精辟论述。

然而，就目前我们所知道的20世纪以前古今中外有关歌唱艺术的论著中，关于气息的论述一直是各抒己见，且含糊不清。大家都强调气息在歌唱中的重要作用，却没有一个人论述如何控制、运用气息的具体方法。

如约瑟夫·察里诺在1558年出版的《谐音原理》中关于呼吸这样论述：“两个天生的器官肺和咽是发声时必需的。肺就像一个风箱一般，吸满气然后把它从喉部送出，送出时气在喉部震动。”遗憾的是，他没有论述怎样使肺部吸满气并怎样把气从喉部送出去。

朱里奥·卡契尼在他的《新音乐》中也没能直接说明他所提倡的呼吸方法，仅仅建议“能在各种情况下为歌唱者服务的”呼吸。

波伦亚学派培养出的卓越的歌唱家和声乐教育家培特罗·托西（1647—1727）在他那本后来在声乐教学法的历史上起

了颇大作用的著作《古代及近代歌唱家的观点以及花腔唱法的见解》（简称《观点》）中论及到歌唱的呼吸时说："教师应当特别注意禁止学生在一个词的中间换气，教师很容易纠正学生的上述缺点，只要教学生正确的送气，而且把气吸的比所需要的略多，但是吸气时永远不能使胸部感到疲劳，（着重点为那查连科所加）教任何乐曲时，教师都应当向学生指出哪里需要吸气，并且教会他在那些地方毫不困难地吸气。"但是这位伟大的声乐教育家，也没留下关于怎样正确地送气、怎样吸气才永远不会使胸部感到疲劳和怎样才能毫不困难地吸气的具体方法。

1803年初，巴黎音乐学院由著名声乐教育家罗戈齐、加拉和作曲家凯鲁比尼等人组成的委员会，出版了《音乐学院歌唱法须知》。关于呼吸，书中这样论述："唱歌吸气时腹部应当收缩，这和一般的吸气以及说话时的吸气，上腹部略为鼓起的现象正好相反。为了要保持住气息并且尽可能长久地控制住肺中所含的气，必须把气慢慢地送出来，胸部不能有推撞的动作，要使得气就像自己流出来的一般，必须善于巧妙地控制气息，缓缓地放送它，如果没有大量的气息，嗓音就既无力量，又无漂亮的音色，而且不仅如此，如果没有控制气息的技能，也就不能很好地分句。"（着重点为本文作者所加）这就是目前我们所看到的20世纪前国外有关文献中关于呼吸的最具体的论述了。

这段关于呼吸的论述正确与否，我们不去考究。仅从本文作者加了着重点的词语中，读者从中能得到哪些启示和教益呢？

我国出土的战国时期的文物《行气玉佩铭》上，关于歌唱的气息这样描述："行气、深则蓄、蓄则伸、伸则下、下则定、定则固、固则萌、萌则长、长则退、退则天、天几春在上、地几春在下、顺则生、逆则死。”郭沫若先生注释这段话为：“吸气深入则多其量，使它往下伸，往下伸则定而固，然后呼出，如草木之萌芽，往上长，与深入时的路径相反而退进，退到绝顶，这样，天机便朝上动，地机便朝下动。顺此行之则生，逆此行之则死。”这可能是人类关于歌唱呼吸的最早论述。后来我国历代对歌唱的呼吸有过许多精辟的论述，如“气沉于底，贯于顶”，“天伏地、地伏天、天地贯通、气走中丹田”等等。虽然早于国外的论述，但同国外的论述大同小异，都没有论及依靠人体的哪些肌肉来控制歌唱的气息。

进入20世纪，关于歌唱呼吸的论著越来越多，论述的也越来越详细、具体，并逐渐形成为四种呼吸方法：

1. 锁骨式呼吸法；2. 胸式呼吸法；3. 腹式呼吸法（又称臀部呼吸法）；4. 胸腹式联合呼吸法（又称横膈肌—肋骨呼吸法）。

目前被国内外广泛采用并推崇的是胸腹式联合呼吸法。“歌唱的正确的呼吸法应该是胸腹式呼吸法”（详见《论声乐训练》管林著33页）。“把正确的呼吸方法称之为胸腹式联合呼吸法”（详见《声乐教程》汪明洁等著46页）。“我们赞成胸腹式呼吸法”（详见《声乐讲座》沈思岩著10页）。“歌唱最好的呼吸方法，是以肋间和横膈膜结合的呼吸方法来获得一个正确的呼吸控制。”（详见《学习手册》依弗·瓦伦著3页）戈鲁别夫在《青年教师须知》一书中，告诫声乐教师应该遵循以下的教学法原理：“1. 胸—腹式呼吸法”（见《歌唱的艺术》薛良著118页），吉诺·贝基先生、维尔波夫博士、拉波特诺夫教授等也都在各自的论著和讲学中肯定了胸腹式呼吸法。

胸腹式呼吸法是经历了几个世纪，由那些潜心研究声乐教学法和歌唱艺术的历代大师们，在积累了丰富的实践经验的基础上，总结、提炼出来的一种较为科学的呼吸方法，并确实在已过去的历史中为歌唱事业的发展起到了重要的积极作用。

但是，随着科学技术的高速发展和时代的进步，人们对呼吸器官及有关肌肉群的认识在逐步深入、研究范围的界定上也有所扩展，因此产生新的观点和方法是符合历史发展规律的。

第一节　鼻口腰腹式呼吸法

腰腹式呼吸法与胸腹式呼吸法，从字面上看只有一字之差，然而在概念和内涵上却有很大的差异。

胸腹式呼吸法的命名者是否是因为呼吸的主要器官肺在胸腔内，而着意强调这个“胸”字我们不清楚。但我们知道胸腔主要是由胸骨、脊骨、肩胛骨和十二对肋骨以及所附着的软组织构成的一个腔体。十二对肋骨的后端与脊骨连接，第一至第七对肋骨的前端与胸骨连接（俗称硬肋）。第八至第十二对肋骨呈扇状散开，前端并不与胸骨连接（俗称软肋）。人的主要呼吸器官肺，就安放在这个主要由胸骨、脊骨、肩胛骨和肋骨所构成的具有较大空间的骨架腔体内。肺本身没有多大的弹性，它的收缩与扩张——呼吸过程主要是由颅神经指挥横膈肌和脊神经指挥肋间肌、腰腹肌肉群进行运动来完成的。（着重点为本文作者所加）而胸骨、脊骨和肋骨在神经的指挥下是不可能产生像横膈肌、腰腹肌那样大幅度的运动的。尽管肋间肌在脊神经的指挥下可以产生运动，但由于肋骨本身的结构决定了它运动的幅度是很有限的。而这有限的运动又主要集中在第八至第十二对肋骨，第八至第十二对肋骨所处人体的部位也可以界定为上腹部。尽管胸骨、脊骨与肋骨连接处的软组织和肋间肌，可以使胸腔作范围极其有限的扩展与收缩，但它对肺部却产生不了推动力和收缩作用，只能使原有的胸腔容量稍稍扩大或缩小。而胸腔这极其有限的收缩与扩展，除了肋间肌做有限的运动外，主要是靠腰腹部肌肉群的扩展与收缩，推动横膈肌上下运动产生的。综上所述，我们不难得出这样的结论：推动肺部扩张与收缩的，主要是横膈肌和腰腹部这一大片强有力的肌肉群。

而胸腹式呼吸法，仅从这个“胸”字上，就容易使人产生误解，并导致不正确的呼吸方法。另外，胸腹式呼吸法，只强调了腹肌和横膈肌对呼吸的作用，却没有提及腰部这一大片强而有力肌肉群对横膈肌、腹肌运动的支持和对抗作用。这仅仅是忽视了，还是根本没有认识到腰部肌肉群在呼吸过程中的重要作用呢？

鼻口腰腹式呼吸法正是根据：肺本身没有多大弹性，它的收缩与扩张——呼吸过程，主要是由十二对脑神经中的颅神经指挥横膈肌的上下运动，脊神经指挥肋间肌和腰腹部大片肌肉群收缩与扩张，促进、协助横膈肌上下运动，进而推动肺部的收缩与扩张这一科学论断而提出来的。之所以在腰腹式呼吸法的前面加上了“鼻口”两个字，是因为鼻腔单独吸气固然能吸的较深，但由于鼻腔腔体细小，故很难在瞬间吸入歌唱时所需要的足够气息，而鼻口同时吸气，则可以弥补鼻腔单独吸气的这一不足。

横膈肌在呼吸中的作用是非常重要的，但为什么笔者提出的是“鼻口腰腹式呼吸法”而不是“横膈腰腹式呼吸法”哪？因为横膈肌从人体的外部是看不见、摸不着的，而腰腹部的肌肉既能看得见又能摸得着，谁都能明显地感觉到它们运动的方向和力度的变化。另外，横膈肌的上下运动，除了在脊神经指挥下的自身运动外，很大程度上依靠腰腹部肌肉群的支持和推动。为了把复杂深奥的人体生理解剖知识变成通俗易懂的语言，便于理解和掌握，把这种呼吸法称之为“鼻口腰腹式呼吸法”。

第二节　鼻口腰腹式呼吸法的具体动作

鼻口腰腹式呼吸法的具体动作分解如下：

1. 吸气

身体自然站立、两手下垂，两肩略向下压、全脚掌着地，目视前下方，打开口腔。打开口腔时，下腭是在骨骼带动肌肉的前提下，依靠本身的重量，自然、松弛的放下来，整个上腭有从后颅骨处向上、同前掀起来的感觉。打开口腔后，整个头部的重量全部集中在上门齿上，舌不能后缩或下压，整个下腭不能有丝毫紧张感，它可以自由的左右摇摆。也就是说歌唱时的口腔支点在上门齿上，而不是在其他部位。

打开口腔的同时，鼻口同时吸气，吸气时鼻腔吸满，口腔吸入的气息，要感觉到是贴着上腭呈一条状向内吸入。切不可让气息贴着舌面向内吸入，否则会引起舌根下压或舌面紧张。鼻口同时吸入的气息在悬雍垂（俗称小舌头）的后上方——后鼻管处有一个汇合点（这个点在歌唱中很重要，它既是鼻口腰腹式呼吸法吸气时两股气息的汇合点，而且还是歌唱时咬字的归韵点，更重要的它还是歌唱时意念中的起音点）。鼻口同时吸入的气息在汇合点汇合后，将形成一股气流，感觉上贴着后咽壁，贴着脊柱，从后腰处充满整个腰腹部（事实上，气息是不可能充满腰腹部的，但肺部充满气后，我们是没有明显感觉的。但腹腔内各器官的下移，使腰腹部全方位的向外扩张，为横膈肌的向下移动创造了一个有利条件。这种感觉是很明显的，所以我把这种感觉称为“气息充满整个腰腹部”)。此时，腰腹部（包括两肋）应全方位的向外扩张，胯骨有向下坐的感觉。在吸气过程中，一定要注意：胸不能挺（当然也不能塌，要保持吸气时自然站立的状态）肩不能耸，小腹不能收。

2. 呼气

在保持腰腹部肌肉群吸气后全方位扩张的前提下，小腹的下部，腹沟处的肌肉开始均匀的逐渐向内收缩。同时腰部、两肋和上腹部的肌肉略有凸出感，但幅度很小，为腰腹肌推动横膈肌向胸腔运动创造一个有利的空间。小腹肌肉的向内收缩和腰部、两肋、上腹部肌肉略向外顶出，协助横膈肌向胸腔运动，推动肺部的气息向体外呼出。感觉上气息是贴着脊柱，贴着后咽壁进入后鼻管后，从鼻孔向身体的前下方流出。

由于小腹的下部、腹沟处肌肉的收缩幅度有限，在气息呼出三分之一左右时，这个部位肌肉的继续回缩已不能继续推动横膈肌的回升，进而推动肺内的气息向体外流动。所以在气息呼出近三分之一左右时，腰部、两肋、上腹部的下半部这一大片肌肉群开始全方位均匀地回缩，才能继续推动横膈肌的回升，使肺部的气息继续从鼻孔向体外流出，直至把气息全部呼出。在呼气的全过程中要特别注意：上腹的上半部肌肉（心口窝处）始终是逐渐向外顶出的，越感到气息不够时越要向外顶出，而绝不能回缩。否则，腰腹部肌肉群向内回缩的作用将贻失一半，肺内的气息也不可能全部呼出。肺内残留的气息将直接影响下一个呼吸过程的循环。有些人越唱气越浅，越唱气越僵，最后唱不动了，与上部腹的上半部分肌肉塌下来有直接的关系。

为了进一步说明腰腹部肌肉在呼吸过程中的重要作用，我们不妨做下面这个小试验：用一个一端带橡皮球的长长的玻璃试管，即物理试验中的移液管。从一个液体瓶中把液体移到另一个液体瓶中。这时我们首先要做的是，用手把橡皮球捏紧使试管中的气体排出，然后将试管放入装有液体的瓶中，逐渐松开捏紧的橡皮球，液体瓶中的液体就会被吸入到长长的玻璃试管中。然后将吸满液体的试管放入另一个液体瓶中，再逐渐用手自下而上的捏紧试管下面的橡皮球，试管内的液体就会流到另一个液体瓶中。这个试验证明：液体的吸入和流出，并不是因为试管本身有什么变化，完全是由于橡皮球的收缩和扩张作用。

人的腰腹部这一大片肌肉群，多么像这个试管的橡皮球部分，而后鼻管到胸腔这段距离又多么像那长长的玻璃试管，气息不就像那前面做试验的液体吗？所以说，腰腹部肌肉群的收缩、扩张运动，促进、协助了横膈肌的上下运动，从而使肺部完成了歌唱时所需要的呼吸运动。

歌唱时的呼吸运动，是在自然呼吸运动的基础上的一种特殊呼吸运动。之所以称它为特殊的呼吸运动，是因为歌唱时的呼吸不仅仅要维持生命、还要根据乐句的高、低、长、短、强、弱来决定吸入和呼出气流量的大小。而控制吸入和呼出气流量大小的肌肉，不是胸部肌肉，更不是喉部肌肉，而是腰腹部肌肉。唱上行音阶时，音越高，气息呼出量越小，腰腹部肌肉的对抗力度越大。同时声、气流反向流动的感觉越明显（即感觉声流从鼻孔向体外流动的同时，有一股气流从后腰处贴着两腿向地面流动）。唱下行音阶时，音越低，气息呼出量越大，腰腹部肌肉群的对抗力度越小，声、气流反向流动的感觉越弱。所以说，歌唱时音的高、低、长、短、强、弱的变化完全是靠气息——腰腹部肌肉力度的变化和声带的相应变化所决定的，而绝不是靠胸部或喉部肌肉力度的调整。

鼻口腰腹式呼吸法，是我在胸腹式呼吸法的基础上，结合自己教学，演唱的体会，摸索、总结出来的一种比较容易理解和掌握的呼吸方法，并在十几年的教学实践中取得了很好的教学效果。至于它的提法科学、准确与否，还恳请声乐界的前辈和同行们在实践过程中检验。

第三节　高音区的气息运用

1. 高音为什么困难

高音区的声音训练，往往是个大老难的问题，尤其是男高音声部，俗话说：男高音，高音难。充分说明了解决高音区的声音训练问题绝非是一件易事。事实上，这个问题同所有技巧问题一样，都是难者不会，会者不难。

之所以把高音区的训练看作是一件难事，恐怕主要是由以下几个原因造成的：

〔1〕心理上的因素

因为不论任何一个声部，自然音域往往只有十度左右，而歌唱语言所需要的音域却应在 15 度以上。声音的训练要经过从自然到不自然再到自然这么一个过程（注：自然和不自然在这里指的是习惯和不习惯）。在从自然到不自然这一过程中，人的心理上必然会产生一定的压力。比如：西红柿，这种原生长在非洲的蔬菜，当欧洲人第一次见到它时，被当地人告知，这是有剧毒的。可有一个欧洲人最终没能抵制住这种红红果实的诱惑，冒着必死的生命危险，品尝了它之后，才彻底粉碎了那由来已久的讹传，使西红柿成为全世界餐桌上美味的佳肴。这个故事可能离题有些远，但它却说明了人在冲破心理压力时，需要多么大的勇气这一道理。当你在试图唱一个你从来没有唱出过的高音时，当时你的心理障碍是可想而知的，而这种心理压力，对你唱这个高音肯定是弊多利少的。所以说，解决心理上的障碍，是解决高音区问题的第一步。

〔2〕生理上的因素

正确地歌唱状态应该是：在基本保持自然、松弛的前提下，依靠大脑神经指挥有关肌肉群作协调，合理的运动。这里说的自然和松弛是相对而言的。具体地说，就是该用力，紧张的肌肉，不能松弛。而不该用力、紧张的肌肉，却不能用力、紧张。而应该用力、紧张的肌肉，其用力、紧张的程度，是很难用数据和语言表达清楚的。因为每个人的身体状况不同，其肌肉灵活度和力度也不同。如果改用一下原来形容杨贵妃的那句话，也可能会把这个“度”说清楚一点：气息“再多一分则太多，再少一分则太少”，力量“再大一分则太大，再小一分则太小”。一般来说，没有切身体会的人，是很难说清楚这个“度”的，而在训练高音区的时候，由于心理上的恐惧感，将导致十有八九的人，用力过大，过拙，用气过多，过冲，这样做恰恰为唱出高质量的高音，帮了倒忙。

〔3〕呼吸方法上的因素

我们经常看到这种情形：在唱高音前，演唱者多多地吸入一大口气，在吸气过程中胸部和两肩都有一定程度的上抬动作。在唱高音时，嘴巴张的很大，下巴和浑身很用力，有人甚至连颈部的筋都明显地显露出来。这样做的结果，是不言而喻的。这些人之所以这样做，除了心理上有负担，生理上没有协调好以外，气息给的太多，过分冲击了声带，使声带为了阻气，不能变短、变薄，有直接关系。

2. 高音区气息的具体运用

那么，唱高音区时，气息究竟应该如何运用呢？

首先让我们打开钢琴的盖子，看一下琴弦由低音区到高音区的排列顺序。我们会清楚地看到：琴弦从又粗又长，逐渐到又细又短。这种变化是由于不同音高在振动时，为发出不同的振动频率所决定的。因此，我们可以联想到，（因为目前，科学仪器没有发展到我们在演唱不同音高时，可以清楚地看到自己声带变化时的不同状态的先进程度）我们的声带在从低声区向高声区转换时，是否也应该有像钢琴琴弦那样从粗长到细短的变化哪？事实上，正是同样的道理，只不过钢琴弦是由人制造好后，安装在击弦机下，只要用手一弹，就会发出高低不同的声音。而人的声带由长到短，边缘由厚到薄的变化是要靠人的大脑神经，指挥环杓侧肌、环肌、甲杓肌做上下、前后的移动，并在气息的有效配之合下，才会产生不同声高的变化而已。

声带越短，边缘越薄，气息从声带前端越小的缝隙中通过，气息通过声带前端的位置越往前移，声带振动的频率就越快，声音就会越高。由此，我们可以得出这样一个理论：唱的音越高，所需要的气息呼出流量就越少。吸入的气息量也应相应减少，否则，这一乐句气息用不完，剩余的气息占据了肺部的一定空间，就会造成越唱气越浅，越浅越不能用腰腹部肌肉来控气息，导致用喉、颈部肌肉控制气息，造成憋得脸红脖子粗的现象。这种恶性盾环不要说高音唱不上去，甚至连中音区都会“放炮”。

唱的音越高，所需要的气息呼出流量越少。这是因为，如果此时不减少气息的呼出量，声带为了阻气，就不可能变短、变薄，而且还要向下用力挡气力。这样做的结果，怎么能唱出高质量的高音呢？这个道理如同你在那站着，我从背后推你，我用的力很小，你不用向后用力也不会向前倒下，如果我用力推你，你为了不向前倒下，必然会用力向后仰的道理一样。

唱高音时，气息呼出流量的减少，并不意味着阻气的力度也随之减小。恰恰相反，唱高音区时阻气的力度需要加大。但阻气力度加大的这个任务绝不是靠声带用力向下挡气来完成的，也不是靠喉部肌肉、下颌肌肉和颈部肌肉加力来完成的，而是完全靠腰腹背部这大片强有力的肌肉群来完成。也就是说：唱的音越高，气息呼出流量越小，而腰腹背部肌肉的对抗力度却越要加大。只有这样做，才能够保证高音振动频率所需要的足够的体内气息压力。

具体地说，在唱高音时，要有以下内心视觉：你仿佛看到，从腰部、贴着后背到头顶上，是一个充满了气息的笔直的管子。你要唱的那个高音，早就浮在管子的最上端（头顶处）。在此之前，首先想好这个音的具体音高和形状（同管子一样是圆的）。在张嘴鼻口同时吸气时，注意不要吸的过多，同时口咽腔保持住这种吸气时的打开状态，软腭随着吸气而抬起。这时整个头部和口腔的重量，全部集中在上门齿上。放松下腭与舌根，整个口腔不能有任何一点向下压的力。吸入的气息贴着后咽壁、后背、从后腰处充满整个腰腹部时，在小腹的下部向内收缩，两肋和胃部同时向外用力顶出的一刹那，整个后背有向后靠的感觉，这时感觉浮在管子顶端，早就想好了音高和圆柱状的那个高音，在极少气息的带动下，从管子的顶端，沿着后鼻管，从两个鼻孔内向体外的前下方流出。同时要感到有一股更强的气流，从后腰眼处，贴着双腿，向地面倾注，同沿着鼻孔向体外流出的声气流形成一股强烈的、反向流动的拉力，而且越到高音时，这种感觉越明显。这种感觉不但可以使高音区高而不浮、圆而不散，而且，会加强胸腔的共鸣。我把它概括为：气动声出、声气反流、声带气走、气送声行。

根据我的教学实践证明：只要一个人生理上没有毛病，有着正常的思维和理解能力，并真正做到以上所强调的几点，任何一个声部的高音问题，都不再会是一个难以解决的问题。

第四节　低声区的气息运用

从上一节中，我们基本清楚了为什么唱的音越高，气息呼出量越少，腰腹部肌肉对抗力度越大的道理。根据这个道理，我们可以推断出：唱的音越低，气息呼出量越多，腰腹部肌肉对抗力度越小的理论。

这是因为：唱下行音阶时，声带由长、薄、逐渐转变为短、厚。这是由音高振动频率所决定的，并非是谁主观臆想出来的。声带变长、变厚，气息通过声带间隙的位置逐渐后移，同时气息抚摸声带的间隙逐渐拉长，并由声带的边缘向两侧扩展。如果没有越来越多的气息呼出量来推动，是完不成这个任务的。声带振动的频率越慢，音区越低，体内气息的对抗力量和压力越小，所以腰腹部肌肉的对抗力度也必须逐渐减弱。但减弱绝不是说腰腹部肌肉可以完全放松，而是与唱高音时的力度相对而言。因为任何一个乐音，如果没有腰腹部肌肉群一定的对抗力度来控制气息，使体内保持一定的气息压力的话，是不可能唱出来的。中声区的气息运用，在这就不多谈了，因为中声区是一个相对比较好解决的声区。下面着重谈一下低声区气息如何运用的问题。

低声区虽然不像高声区那样难解决，但唱低声区时，声音失去色彩，没有高位置，没有音量等问题，同样困扰着不少人。

事实上，低声区只要注意以下三个问题，就可以得到解决。

1. 保持“三个不变一个不断”

低声区声音失去高中声区明亮、圆润的色彩和光泽，主要是由于声音位置掉下来了。前面章节里我曾讲过：声音的起音点应该在悬雍垂（俗称小舌头）后面的后鼻管处。也就是说，在内心视觉中，声带不是长在喉管里，而是长在后鼻管处，当气息到达后鼻管处时，才会发出声音，并且气流源源不断地将声音在这个位置上充实、扩大，并通过鼻管送到体外。

而声音的启动点则应在腰腹部，也就是气息的控制点处——上、下腹部、两肋和腰部。这三个支点构成一个面，才会起到对抗和控制气息的作用。为什么在这里又把气息的控制点称为“声音的启动点”呢？这是因为有些人气吸的比较浅，根本没有用腰腹部肌肉群，尤其是没有用腰部这大片、有力的肌肉群来控制气息。所以在歌唱时，气息较浅，且控制不住，往往造成高音上不去，低音下不来的局面。把气息控制点称为歌唱发声时的启动点，就是要请大家注意：声音是在腰腹部肌肉对抗运动之后才发出来，而不是不运动就发出来。也就是：要做到气动声出。因为唱低音时虽然腰腹部肌肉对抗力度减小，用叹气时的力度即可，但绝不是不要气息的控制，不要体内一定的气息压力。所以说要想唱好低声区，首先要做到：歌唱时的启动点不变；起音点不变；口咽腔的支点不变，气息要有控制的，源源不断地变成声流从鼻孔中向身体的前下方流出。

2. 保持软腭的抬起和后咽壁的靠拢

唱高音区时，不用任何人提醒，演唱者都会下意识地抬起软腭，靠拢并拉紧后咽壁。但在唱低声区时，大多又忽视了这个问题。软腭塌下，会造成口咽腔与头腔共鸣体通道之间的阻塞，没有了头腔共鸣，怎么会有好的音色和高的位置？声波在体内气息的带动下，是通过肌肉和骨骼的传递（物理学称之为“强迫振动”）才会到头腔、胸腔共鸣体产生共鸣。而后咽壁的松弛就好像声音传到棉花堆里，怎么能指望它再传递到颈椎，并通过颈椎传递到胸椎，从而引起肩胛骨和十二对肋骨的鸣响呢？没有了胸腔和头腔这两大共鸣体的共鸣，又怎么能使声音有色彩，有音量呢？

3. 调整声气流的角度

唱中，高声区时，我主张一直让气息贴着后背，尤其是在唱降 a 以上的音时，在此仅以高声部为例。（下同）要有将声气流吸进后鼻管的感觉，不用去想怎样把声音送出去。因为声音在气息的托扶下，进了后鼻管后，只有沿着鼻腔向体外流动，而别无选择。

但在唱低声区时，尤其是中央 C 以下的音时，则需要调整这种感觉。在继续保持将声气流吸入后鼻管的前提下，要努力让声气流向鼻尖处流动，并让它们在那里鸣响，同时加大胸腔共鸣的比例。只有把声气流的角度调整到这个位置，三个声区才会保持上下统一、畅通、明亮、圆润的音色。也许有人会担心，这样调整后，会不会造成鼻音？不会的，只要气息的控制点在腰腹部，只要声气流进入后鼻管，而不是打在硬腭上，就不会造成鼻音。

科学、正确的呼吸方法和准确地动用气息，是歌唱语言的艺术表现手法；歌唱语言的形象塑造；歌唱语言的艺术风格的基础。可以说，没有科学、正确的呼吸方法，要想做到以上几点，是十分困难的。所以说，要想掌握歌唱语言，使其充分展示出它特有的艺术魅力，首先必须掌握科学、正确的呼吸方法，并能够熟练地驾驭它。

思考题

1. 为什么说呼吸是歌唱的生命和动力?
2. 科学的呼吸方法具有哪些特征?
3. 造成高音困难、低音下不来的原因是什么?

再版后记

《正音学》自1999年6月由中国广播电视出版社出版发行至今已有9个年头了，我讲授这门课也7轮了。上这门课的不仅仅是声乐专业的学生，太原师范学院2001级器乐专业学生高贺杰在其《正音学的体会》的开头这样写道："正音学课程即将结束了，对这门课的留恋使我这个早就盼着放假的学生竟叹息时光的匆匆与短暂，有时也会将留恋转化为'抱怨'——杨老师为什么不把书写得再厚一些，课时安排得再长一些呢？我是个器乐专业的学生，原以为学习正音学对我没有多大帮助，可是没上几节课我就知道，我已被这门课程深深吸引了，《正音学》这本书无论从发音的身体器官到讲话发音的技巧，以致于声音所带的感情都剖析得清清楚楚，明明白白。后来我总是考虑这个问题，'我为什么喜欢上正音学?'渐渐地我明白了，我不是声乐学生，但我总是要说话的！《正音学》让我的语言抑扬顿挫，更具魅力。"2002级赵蕾同学在《我对这门课的思考》中写道："第一节课便被您的幽默风趣和丰富的知识所吸引，它成为上大学后很少让人想上的几门课之一。它不但可以纠正我们不正确的发音方法和习惯，还能从书中和您的身上学到敢于表现，生动地表达语言的情感，受益匪浅。我希望这种书能多出版，为艺术院校提供优秀的教材，也为学生提高自身素质打下坚实的基础。"

从这些学生的字里行间流露出的真诚与期待，使我很受感动。在全面推进素质教育的今天，宽基础、重实践已成为众多院校的办学理念。任何一个专业的学生都要在大学本科的学习期间充实、拓宽自己的人文素质，为不断提高自己的创新能力奠定基础。近几年不断有高校向我要本课程的教案，有些院校用这本教材开设了这门课。在中国广播电视出版社副社长、副总编宋培学先生和总编室王佳女士的大力支持下，《正音学》于今年9月份再版发行了。再版的《正音学》在原来基础上略有修订，并在每章节后补充了思考题，愿它能为全面推进素质教育尽一份心，出一份力。

在此，对长期支持、帮助过我的各位前辈、同行和朋友们表示真诚的谢意！

杨立岗

2007年8月于中北大学寓所